希望の鎮魂歌《レクイエム》

エヴァ・ホフマン

早川敦子 編訳

希望の鎮魂歌《レクイエム》

ホロコースト

第二世代が訪れた

広島、長崎、福島

岩波書店

SELECTED ESSAYS OF EVA HOFFMAN

This Japanese edition published 2017 by Iwanami Shoten, Publishers, Tokyo.

日本の読者の皆さんへ

日本の読者の皆さんがこの本を手にとってくださるかと思うと、本当に嬉しいです。ごらんのように、これはたった一つのジャンルに限った本でも、たった一人の作者の本でもありません。日本での旅を通して出会った人たちとの、思いがけない心踊るような時間や示唆にとんだやりとりなど、多くのめぐり合わせや協働が実を結んだのです。ときには個人的な事柄についての難しい問いにも、丁寧に答えてくれた人たちもいました。また、私の講義に参加した津田塾大学の学生たちは、深く考えて応答し、その発言は私を触発してくれました。

二〇一三年にひと月滞在した日本での時間は、私にとってひじょうに豊かで思い出深いものでした。しかし、その後世界は劇的な変化を遂げています。今、そのような時間の経過を経た視点でこの本を読む日本の読者の方々が、本書で私が考えていた故国喪失《エグザイル》の問題や多文化主義、歴史的なトラウマの余波、あるいは外的な制度としての自由と内面の自由などについてどう考えられるのか、感想を伺う機会があることを楽しみにしています。東ヨーロッパをはじめ、世界のさまざまなところでの「民主主義への移行」を楽観的に観ていたのは、ついこの間のことでした。ところが現在、私たちは自由の形態としての民主主義に対する反作用がヨーロッパに拡がりつつある現実を――さらにもっとも衝撃的なことにアメリカ合衆国でも――目の当たりにし、それを理解することを求められています。

このような現実の背景にある思想や感情について、また、世界のさまざまなところで起こりつつある反自由主義的な民主主義の胎動に、本書がなにかしら理解の手がかりを捉えられていることを願っています。私の立ち位置からすると、この新しい世界において、西洋を離れた「斜《オフ》・西洋」の見地から西洋的な民主主義の自由と、日本的な伝統と協力のエートスの均衡を保とうとしてきた日本の試みは、考えるべき多くの示唆を西洋に与えていると思います。私たちはそれぞれの方法で、寛容と個人の人権を是とする価値観を堅持しながら、同時に、多様な社会における連帯の重要性を学びなおさねばなりません。それはすなわち、二〇世紀がもたらした多くのトラウマの歴史について考察し受容した上で、政治的な想像力と努力を現在に注ぎ、私たちの危うい民主主義――その民主主義を獲得する壮絶な闘いもありました――をしっかりと支え、擁護することが改めて求められているということだと思います。

創造的な協働は、連帯の一つの形でもあります。私の旅に同行してくださった人たち、そしてこの本の誕生に力を注いでくださったお一人おひとりに、心から感謝いたします。まず、この本の翻訳の労を負ってくださっただけでなく、日本に私を招待し、地理的な旅もさることながら想像的な旅路に導いてくださった早川敦子さん。豊かな見識で文化を越境しながら、ときにとても根気が必要な旅のガイド役を務めてくれたアーサー・ビナードさん。若松丈太郎さんとの対話は、すべての人間に関わる問題に迫るもので、文化的な翻訳を超えるものでした。同じテーマで詩を書くという作業は、深い協働の営みでもあったと思います。この刺激的な試みに、精魂傾けてくださったことに、感謝申し上げます。そして、本のカバーに、美しい「平和の色」に染まった糸を寄せてくださった志村ふくみさんと洋子さん母娘にも。第二世代の過去について語り合った大島ミチルさんとの対話は、実に意義深いものでした。最後に、重いカメラを背負って旅に同行してくれた栗本一紀さんは、かけがえのない記録を、付属のＤＶＤに提供してくださいました。

そして、皇后美智子さまは、ご自身で英訳された永瀬清子の「降りつむ」("Snow Falls")を、ここに収録させていただくことを快くお許しくださいました。心から、感謝申し上げます。

二〇一七年一月

エヴァ・ホフマン

目　次

第I楽章

第二世代との邂逅《かいこう》——日本滞在記

1　東　京

何もかも、私の予想を超えていました。もっとも、何を期待していたのか、自分でもはっきり分かっていたわけではありません。丁寧に結いあげた髪に着物姿の女性、かわら屋根が整然と連なる繊細な家並みを期待していたのでしょうか。いいえ、そうではありません。それほど無知でもありませんでしたが、そういった時代遅れのイメージの代わりに、現在の日本がどのような姿をしているのか定かではありませんでした。早朝、空港からの車窓に見た現実の風景は、巨大な都市の周りを何マイルも果てしなく取りまくように走る高速道路、そして郊外にさしかかると、私にはほとんど身近に思える、混沌とした乱雑さがありました。滞在予定の場所を目ざして車が通り抜けていった地域は、東京の外れで、アメリカのヒューストンやカナダのバンクーバー近くの高速道路周辺を彷彿させました。漆喰《しっくい》の小さな家々が、何のデザインも法則性もなく乱雑に建ち並び、隣り合う家屋とちぐはぐな角度にせめぎあいながら、一インチでも場所を確保しようと競いあって建っているような光景です。東京の郊外も、サイズがもっと小さくて家々がより密集していること、そして家の間に奇妙な電線が見えていることを除いては、同じような風景でした。巨大な都市東京は、明らかにいろいろなものが混然一体となって存在している場所でした。

親近感にも似た感覚に、私はすっかり困惑していました。きっとそのうちに慣れるだろうと思いました。未知の文化に対する内なるイメージは、目の前で動いていく現実を意識しながらゆっくりと時間をかけて実感を伴っていくものです。しかしちょっとした冒険の後に到着したのは、また異なる類の、不思議に存在感のある場所でした。こぢんまりとした女子大学、津田塾大学のキャンパスです。私は六週間のあいだ、招聘教授として教えることになっていました。瀟洒《しょうしゃ》なキャンパスは、イギリスやアメリカでよく見かけるようなたたずまいでした。伝統的な様式の堂々とした本館の建物、のちに建てられたたくさんの小さな建物や中庭、豊かな緑——それらが雨の朝に、私を優しく出迎えてくれました。予想外のこのような親近感のすべてに、戸惑いのような感覚を覚えました。でも、その後にも驚きは続きます。たとえば、立派な桜並木。幹の上方は、厚い布で包帯のようにくるまれていて、私の目には、現代美術の展示のように映りました。それから、私の宿舎。なんとも愛らしい木造の建物は、私が持っていた日本家屋のイメージにぴったり応えるものでした。

続く何日かのあいだ、親近感という不思議な感覚は、幾度となく様々な状況で繰り返し呼び起こされました。来日は、私の著作『記憶を和解のために——第二世代に託されたホロコーストの遺産』〔みすず書房、二〇一一年〕を翻訳してくれた英文学者、早川敦子教授の尽力で実現したものでした。さっそく私の予定や講演について、いろいろと説明をしてくれました。

津田塾大学での最初の講義にはたくさんの学生が集まりました。いささか緊張して、居並ぶ若者たちの前に座ります。学生たちは同世代の西洋の女性たちよりおしゃれで、もの静かでお行儀もよいように見えました。アメリカやイギリスの教室では見慣れた、破れたジーンズ姿も見当たりません。おしゃべりや落ち着きのない雰囲気もなければ、不作法な格好をしている学生もいません。学生たちの振る舞いは、権威には抵抗しなければならないといったお決まりの若者像よりむしろ、ある種の文化的な雰囲気を感じさせました。そんな学生たちは、私の講義から何をくみとってくれるのでしょう。何を理解してくれるのでしょう。私の講義のテーマは、第二言語とその文化の領域に自身を移動させていく過程、またその協働性についての考察です(本書、第Ⅲ楽章1)。

講義を進めていくにつれて、学生たちが理解しているのを感じました。最後の質疑応答になると、それがはっきりと確認できました。日本に来る前に、私は幾度となく、日本の学生は質問しないと言われていました。教育のシステムそのものが、質問するような状況を生み出すには程遠《ほど》いくらい上下関係に厳しいのだと。しかし、津田塾大学の学生たちは、物静かな口調で、私が意図した話について質問し、ときに予想外の理解をしていたことを発見させてくれる応答が続きました。質問のなかには、実に知的で洗練されたものがありました。講義が終わって教室をあとにする学生たちに、私は満足と感謝の気持ちを感じたと言わねばならないでしょう。精神と精神の交流だけでなく、文化的な距離と相違を越える交感という特別な喜びがあったからです。

＊

日曜日に、私は大学の近くにある小さな公園を抜けて、向こう側の小さな商店やカフェが建ち並ぶ場所まで足をのばしました。陽が降り注ぐ休日に、たくさんの人たちが木片をはめこんだ公園の小路を歩いていました。みな、見た目は欧米人ではありませんが、気持ちよさそうに散歩している光景は、ニューヨークのセントラルパークか、さもなくばロンドンのプリムローズ・ヒルのようでした。自転車や乳母車がのんびりと、でもそれぞれに目的があるといった様子で、秋の美しい一日を満喫していました。家族連れはすっかりくつろいでいる様子で、人びとは会話を楽しんでいました。買い物袋を手に一生懸命歩いている人たちもいました。運動着を着た女性もいれば、トレーナー姿の男性もいましたし、ちょっとおしゃれをして歩いている人もいました。西洋の日曜日となんら変わらない風景でした。都会のストレスだらけの日常から解放されて、それを楽しんでいる人たち。乳母車や自転車で公園を散策している人たちの姿を見て親近感をもったのは、おそらくヨーロッパの人たちと同じ休日を過ごしているように感じられたからでしょう。実際、それは彼らが欧米の都会で暮らす人たちに似ていると私に思わせる理由だったのでしょう。身ぶりや振る舞い、服装、こういったものは、人のアイデンティティをより内的に形成したり定義付けるものと同じくらい、大きな影響力を持っています。それは実際、ある種の言語のようなものです。

私はつまり、個人の人となりのグローバリゼーションを、行動のグローバリゼーションを通して見ているということなのでしょうか。小さなカフェの小さなテーブルで(小さな、というのは、私の基準でのことですが)、それなりの年齢とおぼしき三人の女性たちがお茶を飲んでいました。二人はトレーナー姿でした。健康的な散歩のあとにほっと一息ついているという風情でした。私には言葉は分かりませんでしたが、彼女たちの会話がどういったものなのか、おおよそ見当がつきました。表情や身ぶり手ぶり、相槌をうったりそれは違うというふうに首をふったりして会話を楽しんでいる様子、明らかに皮肉る様子で誰かの真似をしてみせたりするのが、私には完璧に分かったのです。彼女たちは打ち解けた会話を楽しみながら、日曜の午後の噂話に興じていました。少なくとも、私にはそのように映りました。もちろん、まったく見当はずれかもしれません。会話の内容は、まったく想定外のものだったかもしれません。

ただ、私がたしかだと思うのは、そこには、人間同士の交流の美しさがあったということです。そしてまた、一人ひとりが自分自身のスタイルや外見に、個性を発揮しているということでした。このことは、私がまったく予想していないことでした。

＊

その後行った講演を通して、私は自分の話すテーマが、日本の聴衆の人たちにとって彼らなりの意味を持っていることに気づきました。彼らはその日本という文脈のなかで、私の話に異なる光を当てて理解していました。滞在一週間目に、私は現代の西洋の民主主義の問題について講演しました（本書、第Ⅲ楽章2）。それは、あらゆる範囲に拡大していくことで確固とした構造を失っていった自由のなかで生きることの難しさを指摘したものでした。その日の聴衆は、学生たちだけでなく、多くの年配の人たちもいて、私は前回とはまた異なる緊張を感じました。このときは、私の意図が理解されなかったら、という不安だけでなく、むしろ誤解を招くのではないかという危惧を感じていたのです。私が理解する限りでは、年配の人たちは日本というきわめて厳格な構造を持つ社会で育ってきた人たちです。第二次大戦後に天皇崇拝をやめたとはいえ、日本社会には依然として階級構造があると聞いていました。少なくとも、日本の企業や家族、ジェンダー意識や一般の人びとの行動において、それが顕著だと。日本が本当の意味で民主主義を実現するには、まずこの厳格な階級構造を緩やかに変化させなくてはならないと言われています。そのようなことを考えると、私が話そうとしている秩序のない自由への批判が、ひょっとしたら反民主主義の思想のように受け取られてしまうかもしれない、自由を制限するものだと誤解されてしまうかもしれないことを案じたのです。

でも、私の印象では、誤解されたとは感じませんでした。もっとも、質問はほとんど若い世代の人たちからのものでしたけれど。質疑応答に、さらに興味深い会話が続きました。民主主義を語るとき、どこに問題があるかということが見えてきたのです。それは、今日の「自由」と「民主主義」をどんな文脈で捉えるのか、その範疇の問題だと言えるでしょう。概念の複雑さではなく、三次元の現実のなかで語ることの複雑さです。もはや人びとが共有する構造がなくなり、それが混沌状態や分裂状態、個人の機能不全に至っている現実です。厳格な組織や支配力に依拠した階級構造は、元来個人や選択の自由、さらに政治批判を抑圧するものでした。〔西洋とは異なる背景を持つ〕日本の民主主義のありようを、私はどのように理解し、西洋と比較して語ることができるのでしょうか。

私はそこで文化についてさまざまの解説を試みた批評家、スヴェトラーナ・ボイム〔一九五九—二〇一五年。旧ソ連出身の作家、文学研究者〕の、「脱‐モダニティ」という概念を援用しました。彼女の分析によると、「脱‐モダニティ」とは、ある種モダニスト的な様態でありながら、ヨーロッパで容認された主流としてのモダニティあるいはモダニズムとは一線を画する、芸術や人びとの行動様式を示す概念です。このモデルに拠って、私は秘かに日本が「脱‐西洋的」であると考えるようになりました。それは反‐ヨーロッパあるいは反‐民主主義ということではなくて、それ独自の意味において民主主義的でありかつ新しい傾向を持った概念です。よく耳にすることは、日本において民主主義は、皮肉なことに日本に「課された」ものであって、アメリカの支配により外部からもたらされたという議論です。その話をしてくれた人たちにとっての問題の核心は、民主主義を拒否するということではなく、日本において民主主義が自然な展開を遂げて現在に至っているのではないというところにありました。外部から与えられたということ、したがってそれは、自由な選挙や言論の自由という民主主義の基本的な形態を持つにもかかわらず、日本の文化の深層から育くまれてきたものではなく、日本人の精神構造に浸透していないことを意味しています。

ただ、こういったことは、今日の世界を見渡してみると、多くの国にあてはまるというのも事実です。とくに冷戦後におしなべて政治体制の「移行」を経験した国家にはしばしばみられるものです（本書、第Ⅲ楽章3）。移行はたいてい民主主義への移行という形態をとり、それが普遍的に正しい政治理念であるとされてきました。誰も、民主主義を欲してはいないなどとは公言しないでしょう。しかし、現実問題として移行がもたらした結果は、しばしば国ごとに異なった様相を呈しています。ロシアからエジプト、ウクライナ、タイまで、それぞれの国を見てみると、民主主義の基本的なメカニズムに、独裁や無法状態や、また稀に王政主義が混在しているのが分かります。こういった状況の社会は、一方で国家的暴力のもとで反体制運動が抑圧され、他方で、抵抗運動がほとんど絶え間なく続いています。こういった混迷状態は、まさに二一世紀的な状況を表していると言えます。

しかし、私には、日本はこういった国家的な混沌状態とは一線を画しているように見えます。一つには、日本社会が独裁という政治形態に向かう危険性を持っていないということがあるでしょう。またもう一方では、大衆の抗議運動などの一致団結した市民活動がきわめて稀だということもあるのではないでしょうか。日本社会に稀薄なのは、市民社会構築のプロセスと、成熟した社会意識だと思います。私に質問してきた人たちの意見では、日本社会には批判的な視点が不十分だと言います。検閲を受けることがないにもかかわらず、報道もまた、物事を検証し、精査する力を欠いているのだそうです。

明らかに、こういった傾向は、政治だけでなく文化と深く関わっています。結局、日本の民主主義は、古い社会的行動様式の厳格な秩序のコード、儀式的形式主義や階層構造を重視するコードの上に、突如として押し付けられたものだと言えるのかもしれません。こういった旧態依然とした価値体系は、たとえ政治的な上部構造に変化が起こったとしても、人間関係や文化の深層に存在し続けているでしょう。

さらに、現在の混沌とした世界を理解しようとするとき、私は民主主義のメカニズムや明確な原則だけでなく、民主主義の文化というものをもっと理解しなくてはならないのではないかと思うのです。一面においては、摩擦を避けようとする日本の文化的傾向は、決して間違ったものではないでしょう。西洋の、絶え間ない喧騒、異議申し立て、抗議を繰り返す民主主義のありようは、結果的に、共通の指針の欠如と個人の選択や行動を制限されることへの不満を経て、まったく効力を失ってしまうところに行きついてしまいました。

それでも、日本の民主主義の「赤字」は、数々の深刻な結果をもたらさざるを得ないと思います。その一つを、私は在日韓国人二世のピアニスト、崔善愛《チェソンエ》さんから教えられたように思います。彼女は在日韓国人の人権、そして日本での市民権取得をめぐる活動家としても知られる人です。彼女は、日本在住であっても、国籍が韓国であると、たとえ三世代四世代ずっと日本で生活してきたとしても、日本での市民権〔選挙権など〕を得ることができないのだと語りました。そして、すべての在日韓国人同様、彼女自身も常に外国人登録証明書を携帯していなくてはならないのだと〔外国人登録制度は二〇一二年に廃止され、現在は新しい在留管理制度のもと在留カードの携帯を義務付けられている〕。崔さんは、この法律の改正を求めて、実に精力的に、勇敢に、闘ってきました。しかし、道のりは険しく、何度も挫折を繰り返してきました。それは彼女個人にとってもひじょうに辛い体験でした。明らかに、在日韓国人は第二次大戦下の日本の植民地政策の犠牲者です。彼女の家族も迫害を経験したということを、彼女ものちに知りました。それでもなお、彼女は日本を自分の居場所だと考えています。自分が生まれ、育ち、家を持ち、友人たちとともに生きる国なのです。しかし、根本的なところで、日本は彼女を拒んでいます。まるごと一人の人間として、受け入れていないのです。彼女はいわゆる二級市民ですらありません。もとより市民ではないのです。

私の西洋人としての限られた視点からの感想かもしれませんが、この話はあまりにも衝撃的でした。どうして、現代の民主主義国家でこのようなことが起こりうるのか、そして日本の国際社会での地位を下げることにならないのだろうかと、疑問に思わざるを得ないのです。そのような状態がまかり通っているのは、崔さんによると、彼女と意見を同じくする仲間が少数派でしかなく、現状に抗議する議論がほとんど起こらないからだと言います。彼女の活動を取り上げる報道も問題提起をするに至らず、やがて権力に迎合するかのように鎮静化してしまいました。

私はこういった在日韓国人の問題を、大学から都心に向かう道のりに同行してくれた、津田塾大学の学生の一人に投げかけてみました。彼女がそういったことの知識をどれほど持っているのか、そのことをどう考えるのか、関心があったのです。私が崔善愛さんの話を聞いて、日本が在日韓国人に市民権を与えることを拒絶していることに驚愕したことを話すと、学生はこう言いました。「もしそれが本当だとしたら、あなたは、日本を民主主義国家だとはみなしえないと考えているのですか？」。この問題に対する的確な受けとめ方だと言えるでしょう。少数者の人権を認めないということは、民主主義の基本に反するからです。

「私にはそう思えるの」と、私は答えました。「そのとおりだと。日本の学生たちは、こういった現実を意識しているの？　そのことについて議論したり、そのような現実を変えなければならないとは考えたりしないの？」。

学生は、しばらく考えて、とてもやわらかな口調で、思慮深く答えました。「私は、友だちとこのことについて話し合ってみようと思います」と。「それは小さなことかもしれないけれど、私にまずできることだから」。

彼女の、大げさではない慎ましい応答に、私は不思議に心動かされました。彼女は反対運動に関わったり、バリケードに登ったりはしないでしょう。でも、彼女の答えは純粋で、そのようなささやかで考え深い小さな一歩が本当の変革をもたらすこともあるだろうと思えました。

2 京都

滞日中、早川敦子さんは、疲れを知らない様子で週末ごとに旅行を企画しては、私を東京から連れ出してくれました。最初の旅は広島でしたが、その途中で京都にも立ち寄りました。彼女の有能な秘書役、福島利《り》乃子《えこ》さんも朝の新幹線から同行してくれました。

京都での短い滞在では、あちこち観光する時間はありませんでした。しかし、夕暮れ時に川べりを散策したり、日中の移動の途中で路地を垣間見るだけでも、私には京都という街の大きな魅力が感じられました。また京都では素晴らしい経験を与えられもしたのです。伝統的な着物を製作している工房を特別に見せてもらいました。そこには、まさに美しいものがありました。着物をまとうことを勧められて、たっぷりとした布を羽織ってみただけで、ずっしりと重く、(男女ともに)「着るものが人をつくる」という言葉どおりだと思いました。絢爛《けんらん》豪華な衣装に包まれていると、まるで自分が違う人間になったように感じました。もっと上品で、守られていて、完璧なまでに狡猾《こうかつ》な人間に。おそらく、着物が宮廷の文化と深く関わっていたからでしょう。秘めやかな儀式や陰謀の舞台を連想させたので、そのような気持ちになったのかもしれません。じっさい、着物の袖は何重にもなっていて、そのたもとは、諜報の道具を隠すにはうってつけでした。まさに英語の「袖の上」〔up your sleeve（「隠し持つ」の意）〕という表現どおりです。

その工房で、ほかにもたくさんの手仕事で美しく創り上げられた工芸作品を見せてもらいました。古い、象徴的な意味を持った品々です。手描き友禅で五つの伝統的な季節行事を象徴する植物をあしらった布、童女から女性へと変わりゆく女の子の成長を表現した、すばらしい京人形……。それから茶の湯へと、当日の象徴的なシナリオは続きます。国際交流の活動をしている女性たちのグループが、その一人の自宅で茶の湯の準備をしてくれたのでした。その家は、完璧な日本風のしつらえになっており、まさに映画で観て想像していたものが現実になって現れたようでした。招いてくれた女性たちは、みな伝統的な着物姿でしたが、そうでなければ、現代的な意識を持つ現代人そのままのように見受けられました。

その席に、志村ふくみさんが招かれていました。彼女は「人間国宝」の染色家です。もう九〇歳（当時）になろうかという志村さんは、見るから力に溢れている人でした。若い頃からずっと、立ち止まることなく常に新たな作品を生み出してこられました。私たちはそれぞれまったく異なる方法を通して新しい形《かたち》を創り出してきたのですが、その過程を語りはじめると、次々に話題が広がっていきました。志村さんにとって織物の経《たていと》と緯《よこいと》は、それぞれ、歴史と新たな創造を表していると言います。私自身の創作は、視覚的な形よりもむしろ言葉と関わっているのですが、書いている過程でふと、深いところで私たちの知覚を形成する構造のようなものの存在に気づくことがあります。私はそれを、文章の構造に掬《すく》いとって表現しようとしています。

志村ふくみさんにとっては、一つひとつの色と素材がそれぞれ特別な意味を持っていて、感情と響き合うのだそうです。糸を染める際、彼女は自然から色を引き出してきます。特に藍。ほとんど神秘的ともいえる重要な意味を感じとっておられました。でも、不思議なことに、たとえばヒンズーの神秘主義でも、藍はしばしば霊的なものや超越的な存在を表しています。

私が深く共鳴したのは、志村さんの作品が喪失の感覚から生まれてきたということでした。織物にどのようにして喪失が織り込まれるのか、私には知るよしもありませんが、そこに存在しなかった何がしかのものを存在させたいという衝動、それ自身が存在する力を持つものを形として創りだしたいという衝動は、失われてしまったもの、あるいは破壊されてしまったものに代わるものをそこに存在させたり、喪失したものを回復したいという願いから生まれてくるのだと思います。志村さんは、その芸術と人生において、明らかに新しい道を拓《ひら》いてこられた人です。志村さんの内的な豊かさこそ、日本という国で、そして彼女の世代にあって、彼女を女性たちの先駆者にしたのだと思います。彼女が持っている自由な思考と、溢れるような力、そして世界に対して一切もの怖じしない開放的な姿勢は、彼女が時に困難に抗いながら生きてきた長い人生の闘いがあってこそ培われたものに違いないと思うのです。

さて、その午餐《ごさん》にもうお一方、すばらしい芸術家がご一緒下さったことを、私は光栄に思わずにはいられません。日本の陶芸家の第一人者、八木明さんです。彼は私に、素晴らしい芸術作品をお土産にと下さいました。縁のところに碧《あお》い色がはんなりとかかった、小さな、美しい白磁のカップ。八木さんのお父上もまた、陶芸家だったと聞きました。早川敦子さんは、その日の特別なお茶の席にと心を砕き、英国のセント・アイヴス〔コーンウォール州〕の土で八木さんが焼いたという美しい茶碗——釉薬《ゆうやく》はポーランドのものかもしれません——を準備してくれていました。私は、その茶碗でお茶をいただいたのでした。ちょうど志村さん母娘と同じように、家族を通して継承される深い伝統の感覚を、八木明さんの作品にも感じました。

茶の湯はその細部にいたるまで、実に繊細で精巧な芸術でした。ゆっくりと、形を重視した所作を見ていると、そこにまさに日本的な美の要素が顕れているように感じました。それはさまざまな日本の芸術に繰り返し顕れる特徴的なものだと思います。たとえば茶道が行われている家の外の、小さな庭にもそれを感じました。それは、距離の要素、一つひとつが独自性をもって、空間に存在しているという感覚です。飾り棚に置かれた花瓶ひとつにもそれがあります。ほかには何もなく、花瓶だけが置かれているのです。美しく刈り込まれた盆栽も、一つひとつの枝は他の枝とは違う独自性をしっかり保っています。庭の石造りのつくばいは、ほかには何もない空間にしつらえられています。一つひとつのものが、このような計算によって明確な存在感を持ち、静かな力を漲《みなぎ》らせているのです。そして、簡潔ななかにその本質を十全に顕しています。見ず知らずの人に対してだけでなく、友人や同僚に対しても一定の礼儀正しさと距離感を保つ日本的な対人関係のありようは、ひょっとしたら同じようなところから生まれているのかもしれません。どんな生き物も、事物も、一人ひとりの人間も、独自の全き存在であるという感覚、そして人と人の間に横たわる「境界」は、越えるべきではなく、尊重されるべきものだという感覚があるのです。もしそうなのだとしたら、それはまさに西洋とは異なる態度を示していることになるでしょう。あるいは関係性というものの概念が異なっているのかもしれません。西洋では、とくに親密な関係の相手には、その内面世界に踏み込んでいきたい、ときには一つに混じりあいたいという願望を持つことが、その親密さや愛の重要な要素だと考えられています。

しかし、こういったことは文化の内側の深いところにあるもので、私がそれを内側から理解し、見通すには長い時間が必要でしょう。

3　広島

広島に行ってみると、期待が先行していたがゆえにどこかちぐはぐな感覚を覚えます。「ヒロシマ」を思い描いている人たちには、広島が意味するものは一つしかありません。破壊、大量死、大惨事、闇です。それは人間の究極の苦しみを物語るものです。

しかし、私たちが到着したのは、さんさんと太陽が降り注ぐ穏やかな広島でした。近代的で、整然と建物が建ち並ぶ街でした。それがどこか不気味な印象を与えていました。何かが背後にある、なんの変哲もない日常性の後ろに目に見えないものが潜んでいると感じるのです。この広島の街で、みんなどうしてあのように平気な顔をして仕事に出かけ、道で知った人に会うとにこやかに挨拶を交わせるのでしょう？

しかし、私がそんなことを感じるのはおかしなことでした。外来者のそのような感覚は、私には無縁のことではありません。最初にポーランドを訪れる人たちが同様の感情を見せるとき、私は驚きと、ときに不快感すら覚えます。いたるところにホロコーストの痕跡が感じられる、と彼らは言います。生よりも死の場所だと。

しかし、ポーランドで生まれ、幼少期を過ごした私は、人生とは過ぎてゆくものであって、たえず新しくなっていくということを実感として知っています。子どもたちは悲劇が起こった場所で、そのようなことがあったとも知らずに無邪気に遊ぶものだということも。
それはごく当たり前のことで、避けられないことです。広島に住んでいる人たちにとっては、そこが家なのです。日々の糧を得るために働き、買い物をし、そして夜にはおそらく食事に出かけたりもするでしょう。それでもなお、ポーランドのいろいろな場所と同様に、現在の広島にも、過去の影が射しています。いま私たちは、原子爆弾とその脅威について、世界のどこにいても知識を得ることができます。しかし、広島というその場所に立ってこそ、他のどの場所よりも直接的な感覚として、私たちは原爆を感じ取ることができるのです。

私たちを迎えるために万全の準備を整えていてくれた、制服姿の二人の女子高校生が平和公園を案内してくれました。広島女学院高校の生徒で、学校は爆心地のすぐ近くにあります。一九四五年八月六日、三五〇人の生徒と教職員が即死したと言います。実に衝撃的な事実です。広島女学院高校では、平和学と人権についての授業が行われていて、それは日本のふつうの高校ではきわめて稀なことだと聞きました。さて、二人の高校生たちは、平和公園にあるたくさんの記念碑について、しっかり準備してきた紙を手に、熱心に、若者らしい声で説明してくれました。七万人の犠牲者たちを荼毘《だび》に付した遺骨を納めた原爆供養塔、被爆した佐々木禎子《さだこ》をモデルにした原爆の子の像――彼女は白血病で死の床にあっても、鶴を折り続けていました――、そして原爆ドーム――丸屋根が焼け残った建物は、骨組みが無残に晒《さら》されたままの姿で今も保存されています。高校生たちにとって目下重要な仕事は、外国からの来訪者の前で、きちんと説明をすることでした。それでも、説明を遮っては、私はそのような歴史が彼女たち個人にとってどのような意味があるのかと尋ねました。私は二つの異なる答えをもらいました。一人は、若々しい声に感情を滲《にじ》ませることなく、こう言いました。「広島と私は別々ではありません」。祖父母は原爆投下で直接的に傷を受けることはなかったけれど、その親類や友人たちは直接的に被爆したのだそうです。彼らは、五〇年以上後に生まれた孫娘に、経験したことの重要性と意味をはっきりと伝えていました。

「被爆の歴史にもちろん関心はありますが、それは私にとって身近なものではありません」と、もう一人は思慮深く答えました。彼女の率直さを、私は評価したいと思います。それは十分に納得できる答えであり、まさに的確なものだと思うからです。七〇年近い歳月を経た現在、このような若い世代が、何ゆえに過去を振り返り続けなければならないのでしょう。広島の歴史、ホロコースト、そして第二次世界大戦を歴史として知ることは重要なことです。しかし明らかに、第三世代や第四世代にとって、それを個人の過去として考え、自身の人生の一部として捉えることは義務ではありません。もともと関わりを意識していない過去の惨劇に、あえて個人的な関係性をつくりあげようとすることは、実に苦しい作業でしょうし、さらにそれは誤ったことかもしれません。後の世代にとって、過去はあるところで、身近な物語よりむしろ、抽象的な歴史に変わらざるを得ないのです。人生と現実の出来事が、時間の流れの中で蓄積されていきます。そして、とくに若者には、過去とは異なる現実こそが目の前の関心事なのです。人生は、絶え間なく進んでゆくものなのです——大きな苦悩の直後にはそれは信じ難いと感じられるとしても。そして歴史を身近なものとして捉えている人たちには、そのように人生を捉えることが苦痛を受けた者への冒瀆《ぼうとく》であると映るとしても。

もちろん、恐怖のただなかで生き抜き、あるいは苦痛を身近に感じてきた人には、物事は異なって見えるものです。彼らには、過去のトラウマは今もたえず立ち現れてくる現実、あるいは精神の中で存在し続けるものです。広島で、私は何人かの被爆者たちの話を聞きました。みな、長い沈黙ののちに語り始めた人たちでした。生き残るか命を失うかは、まさに紙一重で運が決めたのです。ある少女は、病気で原爆投下の日に学校に行けませんでした。ある家族は、たまたま爆心地から離れた新しい家に引っ越していたおかげで、生き延びたのです。広島から疎開していたり、市内から離れた場所での勤労動員に出かけていたりした少年たちもいました。反対に、ある生徒はたまたまその日に市内の勤労奉仕に駆り出されていました。そのおかげで、級友たちもろとも、即死したのです。あらゆる話の中に、あまりにも恐ろしいイメージが充満していて、私は本能的に顔をそむけたい思いに駆られました。そうすることで、心の目に映る光景を見なくてもすむかのように。黒こげと化した死体、引き裂かれた布のような皮膚。爆風が恐ろしい力で吸い取ってしまった人びとの眼球。

一九四五年当時八歳だったという小倉佳子さんは、家族が二日前に広島の中心部から引っ越したがゆえに生き延びました。彼女は、たまたま病気で学校を休んだおかげで、その高等女学校の生徒のなかで唯一の生存者になったと言います。佳子さんは、皮膚が焼けただれ、火傷を負った人たちが無言のまま列をなして家にやって来た光景を記憶しています。助けを求めてやって来た彼らに、佳子さんは水をあげたそうです。そうすると彼らは、ほとんどたちどころに息を引き取りました。放射能を浴びた身体に、水が何かの反応を引き起こしたのでした。善意から出た小さな行為の結果がそんなことになるとは、少女には知るよしもありませんでした。それなのに、彼女は生涯、自らの行為がもたらした結果に対する罪の意識をぬぐい去ることができずにいます。翌日、父親は学校に向かい、死体を片づける手伝いをしました。遺体の身元を縁者に確認してもらうために、瓦礫《がれき》の中から身体の一部を引っ張りださねばならないこともありました。そんなことにどうやって耐えられるというのでしょう。

それにもかかわらず、こういった物語を語る生存者たちは、大胆でエネルギーに溢れていて、生き生きとしているように見えました。さまざまな病気に悩まされている人たちもいましたが、それでも彼らのバイタリティは減じていませんでした。私は同様のことを、多くのホロコーストの生存者に見てきました。おそらくそれは、生き残ったことに対する反応なのでしょう。いったん死を身近に感じた人間は、再び生還したことを、何かしら特別に与えられたもののように感じ、自ずとそれを十分に活かしたいと思うようになるのでしょう。究極の恐怖から生き延びたがゆえに、ほかにはもう何も恐れるものがなくなったのかもしれません。もちろん、別の反応――たとえば、鬱状態、無感情、激昂や、ときに人生そのものへの諦観など――に至ることもあります。

広島での滞在の間に、被爆者でもある芸術家の田中稔子《としこ》さんと、お好み焼を食べに行きました。お好み焼は実に美味、とくにキャベツや食材がふんだんに入った食感が(私のポーランド的な味覚には)おいしく感じられました。同じテーブルに座っていた人が、この料理のことを教えてくれました。被爆後の広島で、食べ物も乏しいなかで登場した料理だということ、女性たちが自活していかねばならない時代、職業の選択肢も限られた状況で、ありあわせの材料を混ぜ合わせて即席で作ることができる料理だったことなど。まさに、世界中どこでも、貧しい庶民の文化が生み出した料理が広がっていき、味においてしばしば高級な料理といい勝負になるということを思い出します。

稔子さんは、食事の後に自分の家に私たちを連れて行ってくれました。そこには彼女が創作したたくさんの力強い七宝の絵画や彫刻がありました。彼女は自分の人生を語ってくれましたが、それは忘れがたいものでした。彼女の家族は、偶然、原爆投下の数日前に広島市郊外に引っ越したため、彼女は助かりました。しかし、彼女は原爆が炸裂《さくれつ》したときに屋外にいたために、恐ろしい病状を引き起こすに十分な放射能を浴びたのです。当時彼女は六歳でしたが、その後、重篤な病と苦しみにさらされました。六日の夜遅くになって、爆心地に近いところで被爆した生存者たちが足を引きずって彼女の家までやって来ました。ゾンビのような風体で、衣服もぼろぼろなら体にもひどい火傷を負っていました。稔子さんは、彼らの沈黙を今でも覚えています。あまりにも疲労困憊して、口をきくこともできないほど打ちのめされ、絶望していたのです。多くが、その場で倒れこんで死んでいきました。稔子さんは、一人の少年がバケツをもって立っているのに気づきました。そのバケツの中には、少年の母親の頭部が入っていました。彼の母親が唯一残したものでした。その話を聴いて、私は思わず顔をそむけました。それ以上聴くにはもう限界だったのです。

それでもその日、稔子さんが床に就いて星のまばたく紺碧《こんぺき》の空を見上げると、そこには美しい世界が広がっていました。そのあまりの美しさが、彼女に慰めを与えたのです。心が落ち着いていくのを感じ、いつの間にか眠りに落ちてゆきました。

稔子さんは作品を創るようになってから、その空のイメージに幾度も立ち返り、青の色を七宝で表現しようと挑戦しています。一貫したテーマは、闇と光、絶望と希望です。七五歳〔当時〕にして、敏子さんはバイタリティに溢れ、目はきらきらと輝いて微笑みを絶やしません。放射能を浴びた後遺症による病気はずっと続いていると言います。免疫力は弱く、骨は脆《もろ》くなって簡単に折れてしまうのだそうです。それでも、苦悩のただなかにいるときに目にした、あの一縷《いちる》の希望の輝きは、ずっと彼女の人生を通して支えとなってきました。印象深いことに、彼女は恐怖を芸術に変えることができるようになり、作品のなかに慰めを注ぎ込んできたのです。これこそ、苦しみに応える芸術のあり方です。それは貴い応えにほかならないと思います。

なぜなら、芸術の内側には、苦しみからの逃避ではなく、まさしく苦しみそのものが内包されているからです。それはまた、人間の経験をめぐる複雑な真実とも言える、普遍的な闇(絶望)と光(希望)の混合物だと思うのです。

私はホロコースト生還者の娘として、ある意味では自分の人生を通して、あの大量虐殺とその影響について考え続けてきました。それゆえに広島の被爆者たちの話を、私自身の経験に重ねて理解していたと言えるでしょう。ホロコーストも原爆も、ともに歴史を塗り替える大量虐殺でした。人類に、それまでにはなかった究極の恐怖をもたらしました。しかし、それぞれの出来事は大きく異なった経験でもあります。そこから生み出された苦しみと、倫理的な意味が異なるのです。ウランとプルトニウムの原子爆弾の投下は一瞬のうちに行われました。その瞬間に、何万人もの人たちが亡くなり、そして原爆の影響が及ぶ圏内にいたすべての人たちの人生が永久に変わってしまったのでした。火傷の大きさがある程度限られていても、被害の深さを推定することはほとんど不可能でした。皮膚の表面から内臓を突きぬけた放射線は、人体を通り越して地球の内部にまで到達していました。日本人なら誰でも、広島平和記念資料館(原爆資料館)の展示にあるさまざまな写真のことを知っています。でも、初めてそれを見る人たちには、その写真を注視するのは耐えがたいことでしょう。人間の姿をとどめないほど粉砕され、まったくの物質と化してしまった人体、そして飛び出した内臓。写真や物語に取り込むことさえ不可能な光景です。原爆は人体の組織に侵入しそれを物質の世界に還元してしまいました。そして目に見えない被爆による侵食は、被爆者の体内で、さらにその子どもたちの体のなかでいまだに続いているのです。

そうした原爆に対し、ホロコーストは、何年も続き、六〇〇万もの人間と世界を破壊しました。絶滅計画がどのように実行されたか、そしてそれがどのような影響をもたらしたか、私は身近な問題として感じています。人間を徐々に破壊する緩やかな過程は、身体だけでなく、魂を滅ぼしていきました。何カ月も何年もかけて深まってゆく恐怖がありました。身近な人間のおぞましいばかりの苦しみと、子どもたちの飢えと死がありました。

原爆を生き延びるかどうかは、運の問題でした。臨機応変な対応も、避ける術もありませんでした。あるいは恐怖に屈したり、自身や他者を犠牲にするかどうか、決めたりする猶予もありませんでした。まさに、生と死を決する何の手立ても存在してはいなかったのです。

出来事そのもの、その衝撃と結果は異なるものです。ホロコーストの生還者たちにとって、自分が生き残ったということは、のちに罪の意識となりました。膨大な数の人間や、故郷の町や村や、まさに文化全体を失った喪失感と追悼の思い、そしてときに恥辱の思いは、生き延びるために耐え忍ばねばならないものでした。

広島の後にも、痛みと恥の思いがあったのだと、私は何度も聞かされました。被爆者のなかには、医療特別手当を受けるために被爆者としての認定を受けることが、いかに大きな抵抗感を伴うものであったかを語る人たちがいました。誰も被爆者などにはなりたくありませんでした。そしてしばしば、生まれてくる子どもたちに影響があるのではないかという危惧から、結婚を躊躇しました。ほとんどの人たちは被爆者であることを隠していました。自分自身への差別を恐れただけでなく、家族に不名誉がふってかかることを案じたのです。被爆直後には、障がいを持った多くの赤ちゃんが生まれ、彼らは目の届かぬ所に隠されました。そのような子どもたちの写真がのちに公にされましたが、写っている子どもたちは、目も覆わんばかりのむごい姿でした。長年、被爆者たちが体験を公に語らなかったのも、当然のことでした（しばしば、家族の中でさえ、沈黙を貫いていたと言います）。親族の者たちも、自分に不名誉が及ぶことを恐れて、被爆者との繋がりをたいてい隠しました。

しかし、第二世代になると、被爆とその後の出来事の認識が、揺らぎ始めます。親のトラウマの結果を、その原因やトラウマの是非は別にして、それぞれの子どもたちは感じています。広島に滞在しているあいだに、私は二人の「被爆者の子どもたち」に出会いました。二人とも、六〇代になっていました。会話を通して、彼らがひじょうに鋭敏な感性と、感情豊かな知性を持っていることが分かりました。その一人である岸本伸三さんは哲学を学んで教師となった人ですが、柔らかな口調で日本において被爆者たちのケアに関する知識が必要であることを指摘しました。日本にはそのどちらもが欠如していて、それでは被爆者たちのケアに不十分なのだと考えていました。彼は自分の一族の、とても複雑な、そして家族の中でも秘められていた物語について語ってくれました。彼は、叔母からその物語をずっと後になって知らされたと言います。父親は用心深い人だと思われていましたが、被爆直後の広島に、何か家族の手掛かりになるものが残っていないかと探しに行ったそうです。叔母もまた出かけてゆき、のちに被爆が原因で病気になりました。岸本さんの両親は、広島で苦しんでいる人たちに深い同情を寄せていました。家に、しばしば身体が不自由な子どもたちを招き入れていました。しかし、そうやって被爆した人たちと関わっていたために、彼の両親は周りから差別され、白眼視されていたと言います。壁にひどいことを書く人もいました。落書きを消す母親は、泣いていました。岸本さんは、そのようななかで、自分の家族には、そして両親の世代には何かしら暗い影があるのだと感じていました。「誰も語らなくても、何かを感じるものです」と彼は言いました。それはホロコーストの生存者の子どもたちの言葉を思い出させました。「うんと後になって、その原因と結果が何であったのかを理解するのです」。一方、彼の叔母は「重要な語り部だった」そうです。彼女が訪ねてきて他の被爆者の人たちと話をするときには、岸本さんの両親はいつも泊まっていくようにと言ったと言います。語ることに伴う犠牲、そのような記憶とともに生きることの代償は、決して小さなものではありません。

もう一人、中谷悦子さんも、自分が父親について知っていたことが、どんなに限られたものだったかを語ってくれました。父親がぽろりぽろりと漏らす情報は、子どもには混乱を招くものでした。たとえば、あるとき父親は、被爆後に川を流れていった死体のことを話しました。男の人は肢体を晒けだして、女の人は、うつ伏せで流れていったのだと。その話を聞きながら、中谷さんは、それはなにか性的な違いのことなのだと感じ、深く考えるのは恥ずかしいことだと思いました。彼女は父親のことを案じ、夜に父親の寝室の外から寝息に耳を澄ましたりしていた一方で、ときに娘から遠ざかるような態度をとる父親との距離にいらだちを感じていました(その話は、私自身の経験と不気味なくらい呼応していました。私自身も子どもの頃、両親の寝息に聞き耳を立てて、彼らの息が止まっていないことを確認しようとしたのです。傷ついた親の脆弱さを敏感に察知するのは、第二世代に共通することです)。「理解はできないのですが、感じるのです」と中谷さんは、会話のなかで幾度も繰り返しました。一〇代も後半になると、あれこれと政治的な理屈を語るようになり、彼女は反抗的になりました。

父親の物語を知ったのは、彼が亡くなってからのことでした。彼が生徒を捜して原爆投下の翌日に広島に入ったということ、そして、父親が生徒たちに当日の勤労奉仕を割り当てていたということも。生徒たちの作業の場所は、爆心地のすぐ近くでした。翌日駆け付けた父親は、たった一人の命も救うことができませんでした。生徒たちの名札を集めて、親戚たちが捜しに来たときのためにと、川べりに並べました。中谷さんは、父親が加害者としての罪の意識を感じていたのだろうと言います。結果的に生徒たちに、軍隊のお先棒をかつがせてしまったのですから。父親が負っていた重荷を知ると、中谷さんは自分自身を責めるようになりました。父が、黙って耐えていた荷、苦しい記憶の荷を理解する代わりに、自分は彼を非難していたのだと。「語れないということに、意味があったのでしょうか……」と、彼女は自問しました。まさにそのとおりなのです。語らないことの代償もまた、測り知れないものです。自分の内面にそのような物語を抱え続けることの代償は、物語を語る語らないとにかかわらず、被爆者たちがずっと負い続けなくてはならない重荷です。

「父は、たった一人の命も救うことができなかったのです」。中谷さんは繰り返し言いました。「目の前の現実は、父の人間観を打ち砕きました」。彼女は、父親に共感できなかったことを悔やみ、彼を支えられなかったという後悔の念にいまだにさいなまれています。語りながら、涙を流していました。もちろん、父親の物語を知るよしはありませんでした。父親に共感できなかったとしても、それは彼女の「罪」ではないのです。なのに、精神の奥底では、理性的な理屈とは別の感情が働くのです。

このような心理的な複雑さは、ホロコーストの第二世代と関わってきた私には、ひじょうに身近なものでした。岸本さんと中谷さんを、被爆の当事者以上に弱々しく、傷つきやすそうに感じました。被爆者、また少なくとも語ることができる人たちは、自身の大きな試練と正対し、ある意味では、それを乗り越えているのです。それに対し、彼らの子どもたちは、捉えどころのない、どう呼んでよいのか分からないような感覚や感情と闘っています。それが明確にこういうものだと言えないものであるがゆえに、複雑な精神的な影響は、長いあいだ続きます。もちろん、原爆の場合は、精神的なものだけでなく身体的な問題に苦しんでいる子どもたちも多くいます。

岸本さんも中谷さんも一九八二年に設立された、原爆を語り継ぐ第二世代の教師たちの会で活動しています。そうすることで、まず日本人として、二人は公に原爆の遺産を語る語り部になっています。彼らはまたおそらく、心理的な問題として被爆を考える道も切り拓いていると思います。感情面で自己の問題と向き合い、自分の言葉で語ることの重要性を認識しているのです。ともに、自分自身のことを表現し、自己分析をする洞察力を有していて、私は彼らとの絆を強く感じました。

長い会話の後で、岸本さんと中谷さんは私に質問しました。その質問は、他の人たちからも繰り返し受けた質問でもあります。それは、原爆について語り継ぐにあたって第二世代の役割は何だと思うか、というものでした。次の世代に、あるいは一般の人たちに何を伝えなくてはいけないのか。

このような質問をしたのは、それが私の著作『記憶を和解のために』の重要なテーマの一つだからでしょう。本の中で、私は、第二世代が「蝶つがい」の世代だと書きました。親が経験した虐殺を、個人的な経験として、次世代はいまだに生き続けているのだと。親の経験は、第二世代にとっては直接的な体験ではありません。記憶そのものを受け継ぐことは不可能です。しかし、その経験は、人間の現実的な次元で鮮烈な感情を伴います。親が負った恐ろしい感情の重荷は、彼らの魂に乗り移っています。同時に、第二世代の立ち位置には、起こった事件を歴史的な事柄として理解できるだけの距離が存在しています。家族が経験した喪失が何であったのか、それを広い射程で見て、恐ろしい出来事の発端とその経過を分析することができる位置に立っています。さらに、その倫理的・政治的意味を検証することもできます。別の言い方をすれば、生存者の子どもたちは、親の経験を記憶から歴史へと移行させる可能性——そして、私からすれば責任——を持っているのです。

しかし、日本の第二世代にとって、それはじつに困難を伴う作業だと思います。一九四五年に起こったことを歴史として理解するために、倫理的にも感情的にも相矛盾する二つの考え方を繋がねばならないのですから。一方では、日本は第二次世界大戦において、加害者としての立場があります。他方で、日本人は歴史上初の原爆投下を広島と長崎で受けたことにおいて、集団的な被害者だと言えます。この二つのまったく相いれない自己像の緊張ゆえに、日本の戦時下の歴史には一筋縄では捉えられない難しさがあるのです。ホロコーストの犠牲者たちは、加害者ではなかったという点において、大きな相違があります。ヨーロッパのユダヤ人たちは、ホロコーストの時代に「まったくいわれのない暴力」の標的にされました。その暴力は、戦争の利益のためでも、また敵に対するものでもなく、ユダヤ人であるというだけで、そのアイデンティティゆえに標的にされたのでした。それに対して、原爆は戦争における敵国日本への報復、日本の戦争犯罪への制裁として正当化されました。それは戦争の正当化になりうるのでしょうか？　もちろん、否です。原爆の被害が認識されて、世界の大半が「二度と繰り返してはならない」と声を上げました。原子爆弾が与えた衝撃は、あの恐怖を再び繰り返すなど言語道断だと、そして、最悪の敵国に対してさえ使ってはならないという認識をもたらしました。

それでもなお、日本の物語がその全体において理解されなければならないのだとしたら、日本が他の国に対して行った侵略もまた、次世代によって認識されなくてはならないのです。日本の侵略は、ひじょうに暴力的なものでした。南京大虐殺、捕虜への拷問、朝鮮半島の女性たちを従軍「慰安婦」として連行したことなど。私の知る限りでも、日本において、歴史の多くが沈黙のうちに隠蔽されています。たしかに、こういった事実を認めることはひじょうに苦しいことに違いありません。しかし、ある意味で日本の歴史が十分に理解されてはじめて、原爆の倫理的な意味もまた十分に理解されうるのだと思います。原爆の恐ろしさは、それが日本への報復だったということで正当化できるものではありません。また恐怖ゆえの「報復」も正当化することはできません。過去の戦争という文脈のなかでは、報復が正当化されるものもあったかもしれません。しかし、原爆の恐怖は、目的のために使われた兵器の惨《むご》たらしさによるものなのです。その非人間性は、戦争のルールの外にあるもの、あるいは残酷さと暴力に対する人間の許容範囲(それはとてつもなく大きなものですが)を超えるものです。こういった認識が、最初の核使用の後で世界全体に深い嫌悪と反感を促し、核兵器の開発と拡散に対して禁止の声を上げる動きへと人びとを駆り立てたのです。それが「二度と繰り返してはならない」という言葉が、原爆という暴力に対して使われるようになった理由です。

奇妙なことに、「二度と繰り返してはならない」という言葉を犯罪に対して使うことは、ホロコーストよりむしろ原爆の文脈の方が効果的でした。第二次世界大戦以来、残念なことに私たちは多くの大量殺戮《さつりく》が世界中で繰り返されるのを目撃してきました。ルワンダのように、ときに凄まじい規模の虐殺が起こることもありました。しかし、広島と長崎以降、原子爆弾は人間の上に落とされていません。まだ核兵器が地球上に存在している危険性を鑑みると、これは一つの倫理的な成功と言えるでしょう。私たちのなかに、越えてはならないという一線があるのです。この一線を堅持していけるという希望を持つべきです。

このような意味でも、二つの原爆投下は転換点となる出来事でした。科学技術が持つ恐るべき性質について私たちすべてが考えさせられたのです。そして容認できない結果をもたらすのであれば、私たちは発明や進歩そのものに制限を加えなくてはならないということも認識させられました。核保有をこのまま続けるのか、あるいはもう放棄するのか。私たちは、たとえば人間のクローン実験の問題について立ち止まらなくてよいのでしょうか。その危険性は、それによって肉体的な苦しみがもたらされるかどうかではなく、私たち自身の理解を超えるところまで人間の本質についての考え方を変える可能性があるということです。それは十分に恐ろしいことです。明らかに、身体的なものだけではなく存在論的な恐怖に耐えうる限界が、私たちの精神には存在しているのです。

*

ロンドンに戻って間もなく、安倍晋三首相が靖国神社を参拝したとのニュースが届きました。日本人なら周知のことでしょうが、靖国神社には一般の戦没者だけではなく、戦犯たちも祀られています。そのなかには、敗戦後に処刑された戦犯もいるのです。西洋人の感覚からすると、国の首脳がそのような場所を訪問するのはショッキングなことです。実際イギリスの報道では、ドイツとの違いを強調していました。ドイツでは、そのような振る舞いは、どれほど支持率の高い政治家であっても、ほとんど許されないでしょう。ナチズムへの回帰と見なされかねないからです。しかし、日本の報道では、海外の報道関係者からの質問に対して、安倍首相の訪問の意図はそのような政治的なものではなく、単に戦死者を悼むものであると答えていました。

広島訪問からさほど時間をおかずにそのようなニュースに接して、私は広島での対話と対比して考えざるを得ませんでした。私の解釈では、安倍首相の参拝は、現在の社会にとって過去の克服——たとえそれがどんなに辛いプロセスだとしても——が決定的に重要だということを示しています。過去の問題にあえて言及せず慎ましく向き合う姿勢では、問題解決には不十分だということも。戦前戦中の日本が、日本型のファシズムへと旋回し恐ろしい結果を招いた歴史は、名誉を重んじる国家においてはおよそ容認できないものでしょうし、特に現代の自由で民主主義的な視点から見ると、よけいに馴染まないものに映るでしょう。しかし、他の例から判断すると(言語を絶するナチの戦争犯罪に対するドイツの受容や、ポーランドにおけるホロコーストへの加担に関する議論など)、国民全体が容認しがたい過去を白日のもとに引き出すことは、倫理的な理由——歴史の事実に向き合うこと——からだけでなく現在のために必要なのです。過去の極端な過ちの意味——その原因や、文化的な原点——を検証し、理解することが必要とされています。それらの現象の背後にあったものが、予想外のかたちで再び表面化することがないように。明らかに、現代の近代民主主義国家の首脳がファシズムの過去を象徴的に美化することは望ましいことではありません。たとえ、それが国家の力を思い起こさせるのだとしても。まさに、権力という概念そのものこそ、十分に検証されなくてはならないのです。それが過去にどのような方向に国家を向かわせたのか、そして再び同じ方向に向かわせるかもしれないという可能性を考えるために。

もちろん、そのように考えている日本人もたくさんいるでしょう。しかし私は、そこにこそ、被爆者やその第二世代の人たちが特別な役割で関わる余地があると思うのです。彼らは原爆投下以前の日本と現在の日本の境界に立っています。彼らは、苦しみと恐ろしい暴力を親を通して経験することにより、ある種の倫理的な規範を獲得しています。この規範をもって、批評が可能になるように思えます。そして、ひじょうにデリケートな問題についての発言の道も拓かれるのではないかと。実際そのように行動するには、勇気も必要です。しかし、それは政治的で個人的な自己回復のために彼ら自身にも必要で、そして可能な仕事のように私には思えます。

4 福島

被災地を訪れたことはありませんでした。もちろん、テレビでは、観たことがあります。昨今のニュースは、人間によってもたらされた破壊や、究極の自然災害の恐ろしい光景に溢れています。それでも、テレビの画像は、画面の中だけの光景です。現実を覆う終わりのない寂寥感、眼前の光景とその向こうにあるものを突き付けてくるわけではありません。

寂寥感。その日も、寂寥感を感じないではいられないような、冷たい雨の降る、刺すように寒い一日でした。田舎っぽい、奇妙なことにバーモントを彷彿させるような風景を抜けて、私たちは福島へと旅路を辿っていました。木造やコンクリート造のあばら屋が乱雑に打ち捨てられ、どことも知れぬ場所の真ん中から、ところどころ英語の文字が奇妙に目立つ店や修復中の建物の光景が目に飛び込んできました。遥か彼方に黒々と広がるなだらかな丘陵が、せめてもの目の慰めでした。

私たちは仙台から南相馬まで、そして現在村民が避難して打ち捨てられたかのような被災地域へと、二台の車に分乗して旅をしていました。その途中で、福島の「核災」を予言した詩人と言われる若松丈太郎さんに会いに行きました。彼は一九六二年から福島県南相馬市に住んでいると言います。もとは旅館だったという彼の家を訪ねました。

通訳が必要だったにもかかわらず、私は、この一九三五年生まれの老詩人との語らいが、とても自然な意思の疎通のように感じられました(日本に暮らして二〇年以上になるアメリカ人詩人、アーサー・ビナード――彼は若松丈太郎さんの作品の翻訳者でもあります――が通訳の難業を見事に務めてくれました)。きっと若松さんの自然な笑顔と飾らない表情のおかげでしょう。私の質問に対して、構えることなく、そしてまた形式ばらずに、思うところを率直に語ってくれました。それは、私たちが、歴史に対して似通った感覚を共有していたからかもしれません。経験した歴史そのものは同じではなかったにもかかわらず。「私たちは、ゲルニカの時代に育ちました」と彼は自分の世代のことを語りました。「私たちの世代、それは大量殺戮、南京虐殺の時代でした」と。一九四五年に、彼は一〇歳でした。一〇歳といえば、核による破壊とさらに大規模な世界戦争の脅威を十分に認識する理解力を持ち、おそらく将来の詩人の感性がすでに胚胎されていたのだと思います。「私は生き残ってしまったと感じていました。あんなにも多くの人が死んだのに」。

「何かの間違いで、偶然に生きている」と感じていると言うのです。「まさにそれは、歴史のなかでの私自身の立ち位置でした」。それは、決定的な構図ではないでしょうか。しっかりとした立ち位置から物事を眺めるのではなく、自身の存在が偶然の危うさの上にあるという感覚を伴っているのです。それが現実は一時的なもので、破壊がいつ起こるとも限らないという感覚を刷り込んでしまったに違いありません。そして、こういった感覚が、若松さんの詩人としてのものの観方と、人生において負ってきたことの両方を説明するものだと思います。

二〇〇三年に、若松さんは二〇世紀の闇の中心、アウシュヴィッツへの旅に出かけました。強制収容所で、山積みになったスーツケースの中に、自分と同じ年齢の子どもの持ち物だった鞄を見つけました。「私がそこにいた可能性もあったのです」と、彼はひとこと言いました。アウシュヴィッツであらゆるものが分類されているということに、彼は驚愕しました。整然と秩序だてられたナチの破壊のなかで、人間もまた分類され、整理される事物になっていたのです。

若松さんはチェルノブイリも旅しています。日本の状況を照らし合わせる上で、チェルノブイリの重要性は明らかだと確信する経験だったそうです。彼は、日本での事故のずっと前に、自身の考えている未来への不安を書いています。しかし若松さんは、だからといって「予言者」と呼ばれることをきっぱり否定して笑い飛ばします。たしかに、福島の原発事故への警告を説明するのに、予言者というような神秘的なベールは不要かもしれません。事故が起きる危険性はずっと以前からあったはずです。原子炉の安全性が不十分であったのは明らかでした。こういうふうに言えるかもしれません。つまり、若松丈太郎は、自身の現実感覚をもって危険性を察知する鋭敏な感覚を持っていたと。あるいは、危険を見過ごすことができなかったと。だからこそ、彼は安全神話を信じることはできなかったし、そのまやかしを看破していたのだと思います。

若松さんはあまり未来を楽観していません。訪れた時に見た事故後二五年のチェルノブイリに鑑みて、日本での「核災」の影響は始まったばかりだと考えています。苦しみと病いはこれから出てくるでしょう。彼が暮らしている地域では、子どもたちを育てたくないと思う家族がふえていくでしょう。そのような危機意識を伴って生きていくのは、恐ろしいことです。若松さんの意識にはまた、いつも破壊の風景があります。人類は核エネルギーと共存することはできないと確信し、それを使うべきではないと考えています。

福島の原発事故以来、自分の詩は変わったと若松さんは言います。しかし、自分が詩人であるということ、そして表現のかたちを持っていることを幸いだと感じています。それは、ものごとに向き合い、「詩作を通して働きかける」方法であり、表現があるからこそ現実が耐えうるものとなるのだということかもしれません。

しかし彼の考えでは、「詩作を通して働きかける」行為は、実に長く、時間を要する過程です。歴史的に見れば、世界はいまだに、彼の子ども時代に地球全体を覆っていた暴力の結果と向き合っている最中だと言えるでしょう。若松さんは、また破壊が到来するかもしれないという危機感から自身を安らぎの場へと導くことが――危機感を終結させることが――できるのでしょうか。「私が死ねば、すべて終わりということかもしれません」と彼は言います。「私のトラウマは、私の生まれたところから歴史が始まっているということです。それが、私のトラウマなのです」。

こういった言葉にもかかわらず、若松さんの人間性や感覚が並はずれて若々しく率直であることに、私は圧倒されました。被災した現場に足を踏み入れたときにも、彼の足どりは実に軽いのでした。周りの光景を淡々と受けとめ、振る舞いはメロドラマ的でも感傷的《センチメンタル》でもない自然な態度でした。彼は真実を捉える独特の力を持っているようでした。彼の真理を見抜く力は、知覚と表現がぴったりと調和したところから生まれているのだと思います。彼の詩がいつも新たな発見をもたらすのは、まさにこの力によるのでしょう。

＊

住民が避難している地域に到着すると、最低限のチェックをするためとおぼしきポイントで二人の男性に車を停められました。私たちが日没までに戻るかどうかを知りたいようでした。それは、原発事故から二年半たっても、居住が許されていない地域でした。日中だけ、立ち入りが許可されていました。その地点には、ガイガーカウンターが設置されていました。私はなんとなく胡散臭い思いで目盛りを見つめました。初めて目にしたのですが、目盛りの数字から、放射線量の数値は基準値以下だと知らされました。本当に安全なのかと再度たしかめようと思いましたが、ガイガーカウンターがそこにあること自体が放射能に汚染された大気を物語り、放射能の存在をいやがうえにも意識させられました。放射能は目に見えません。しかし、そこに存在しているのです。地面にも、私たちが呼吸とともに吸い込んでいる一見なんでもない空気にも。それが人体にどのような影響を及ぼすのか、誰もわからないし、知ることもできないのです。

私たちはその地区のただ中へと足を踏み入れて行きました。視界に、寒々しい、荒れ果てた黒い地面が入ってきました。命のかけらもなく、有機体そのものが存在していませんでした。地面に何台かの車やテレビがひっくり返って打ち捨てられ、あたかも寒々とした死体のようでした。そして、家々。それほど数は多くはありませんでした。おそらく根こそぎ吹き飛ばされてしまったのでしょう。でも、廃墟と化した家は、ほかの何にもまして、その地で起きた事故の激しさと悲しさを物語っていました。ほとんど何も変わらぬ家そのものから、人がそこに住んでいたということがありありと伝わってくるのです。たいてい、津波は家々の下半分を破壊し、扉や窓は流されて、残ったむき出しの骨組みと、めちゃくちゃになった家の内側が晒されていました。家具、瀬戸物、壊れたテレビ、そしておそらく住んでいた家族にとっては日用品だったであろうさまざまな物が、原形をとどめずに、おそらく台所や居間だった場所に散らばっていました。当たり前の日常がそこにあったという痕跡こそが、残った物の存在をこんなにも痛ましく、悲劇的に見せていました。その光景は、まさに人びとの日々の営みの生きた感覚が一瞬のうちに奪い去られたこと、生そのものが転覆させられたのだということを伝えていました。ある家の中に、一匹の猫――銀色の毛をして、一見元気そうな猫でした――がいかにも優雅な猫らしい仕草で、壊れた部屋の真ん中に腰を下ろしていました。おそらく自分の家に戻ってきたのでしょう。じっさいに家と呼べるものは失くなっていたにもかかわらず。一匹の猫だけが、私たちが目にすることができた生き物でした。打ち捨てられた家の瓦礫の中にいる光景に、苦しいほど胸を締め付けられました。

そのほかに唯一荒れ地の中で目に入ってきた生命体といえば、セイタカアワダチソウでした。なんとも愛らしい花と思いきや、若松さんが言うには、セイタカアワダチソウは深く地面に根を張って、ほかの植物を侵食していってしまうのだそうです。ちょっと面食らうような皮肉です……。寒々とした黒い大地の片方の野原に、何台かの工事用のクレーン車が人びとの生活の残留物を集めて、そのために用意された場所に積み上げていました。残留物は放射能に汚染されていますが、それらはそのままこの野原に埋められるのです。その周辺の地域が再び蘇るのかどうかはまったく不明です。

風の強い一日でしたが、私たちはさらに海沿いの、別の場所に向かいました。クレーン車の数が増え、津波に備えて最近造成された高いコンクリートの壁が見えてきました。この障壁があっても、打ち寄せる灰色の波は、ある種の根源的な恐怖を呼びさまします。壁は厚く、高いものでした。でも、私たちは以前にもまして、海はいざとなったらそのような壁ものともしないということを知っています。アーサー・ビナードは、津波の影響と核爆発について熱心に調べ続けていますが、彼は壁──特にテトラポッドをかたわらに配置した壁──で防御するという考え方は、むしろ津波を誘発する危険性があると酷評しています。セメントの奇妙な物体は、破壊をもたらす脅威的な力に対しては、実に脆弱に見えると言わざるを得ないでしょう。それでもなお、海岸線を無防備にむき出しのまま放置しておくわけにはいかないのです。究極の力に対して何も手段を講じずにそのままにしておくのは許されないことであって、たとえどんなに不十分であっても、何かしらの方策が必要なのです。

夕方近くになって、私たちはまた二台の車に分乗して、被災地域をあとにしました。夕暮れ迫るなか、遠くに突然、山並みが見えてきました。灰色の空に向かって、山々は灰色と黒の微妙な二色のグラデーションで層を描いていました。ちょうど、日本の襖絵《ふすまえ》の水墨画のようでした。なんという光景でしょう。丘陵は美しく、その美しさが、傷ついた精神、魂の痛みを和らげる膏薬《こうやく》のようでした。そう思った次の瞬間、罪悪感が突きささりました。目の前の風景が放射能に汚染されているというのに、純粋にその風景の美しさに心を奪われるのは正しいのだろうかと。ここで、どんなに多くの人たちが犠牲になったのかを知っているというのに……。

それでも、私たちには安らぎが必要なのです。人間に関わる複雑な状況から解放されて、自然から安らぎを得ることが。私たち自身の感覚からいっとき逃れることが。たとえその退避が永遠に続かないものであったとしても、そして、個人の問題にも集団の問題にも何の解決にもならないとしても。

5　長崎

それはとても長い旅でした。まず東京から長崎へと飛行機に乗り、それから大きなバンに乗り込んで、何時間もかけて目的地に向かいました。最初に目指した場所は、遠藤周作文学館です。

道中、現地の案内役の映像ジャーナリスト、林田慎一郎さんから、「隠れキリシタン」の歴史について興味深い話を聞きました。彼自身が隠れキリシタンの末裔で、自ら隠れキリシタンについて仔細に調べていました。私自身は、遠藤周作の『沈黙』からその歴史についていくばくかの知識を得ていました――日本にカトリックの布教のためにポルトガルなどからやって来た宣教師たちのこと、多くの改宗があったけれど、その新しい信者たちに残酷な迫害が行われたことなど。私が驚いたのは、とうに忘れ去られたかと思える過去が、継承者たちのなかで、いまだに生き続けているということでした。林田さんが言うには、一五〇〇年前に隠れキリシタンへの迫害が終わったにもかかわらず、今でもあえて自分たちの宗教のセクトを堅持して、カトリックの礼拝ではなく自分たちの典礼を続けている人たちがいるのだそうです。隠れキリシタンの人たちのミサの柱となるのは、「オラショ」だと教えられました。オラショは、言葉ではない祈りで、迫害を逃れて集まってきた信者たちが日曜日の礼拝で歌ったものです。初めから言葉がなかったのかどうかは定かではありません。何十年何百年と密かな礼拝が続けられていくうちに、言葉が忘れられていったのかもしれません。あるいは、言葉が――外部の者に聴かれた場合――純粋な音楽よりも危険だったことが関係しているのでしょうか。すばらしい作曲家である大島ミチルさんが、今回の旅に同行してくれましたが、彼女はオラショをもとにしたレクイエムを作曲したいと語ってくれました。林田さんは、ユネスコの世界遺産に隠れキリシタンの典礼を登録して保存したいと考えています。

私は、日本のこの隠れキリシタンと、マラーノ――彼らは、スペインやポルトガルにいた隠れユダヤ人たちです――の類似性に、それがぴったり重ならないにしても、驚きました。マラーノたちは、イベリア半島でのユダヤ人に対する恐ろしい迫害と、その後、一四九二年のレコンキスタ(キリスト教徒がイベリア半島のイスラム勢力を駆逐するために行った運動)終了とともに出されたユダヤ教徒追放令以来、ある種の「二重のアイデンティティ」を持ち続けてきました。日本で迫害されていたキリシタンたちが踏み絵のイエス・キリストの像を踏むことを強要されたように、隠れユダヤ人たちも自分たちの戒律を破って豚肉を食べ、非ユダヤ教徒の信仰告白を強いられたのでした。キリスト教に改宗することを拒むと、待ち受けていたのは拷問と死でした。さもなくば、追放でした。こうした不条理というしかない現実に直面して、それでも自身の信仰を守り抜こうと決意した少数派は、妥協策を講じ、表面上はキリスト教信仰を表明しました。それでも魂の内では、また習慣を通して、彼らはユダヤ教を信じるユダヤ人であり続けたのです。歴史的なアイデンティティを保持していくことは、重要な意味を持ちます。とくに前近代には、人びとは自己と魂を決定付け意味付けるものとして歴史的なアイデンティティを求め、それを失うことは死を意味しました。

遠藤周作文学館に辿り着くには、ときに海岸線に沿って曲がりくねった道路を通っていかねばならなかったのですが、道の先には小さな険しい島々が姿を見せました。隠れキリシタンたちがしばしば隠遁の地に選び、歌を歌った島でした。あのような島で暮らすのはさぞかし困難だったでしょう、と林田さんに感想をもらすと、彼はまさにそのとおりだと、隠れキリシタンの人びとは極貧の生活を送っていたのだと答えました。彼らのほとんどは漁師で、信仰生活こそが自身のアイデンティティを支え、世界を理解する方法でした。

遠藤周作文学館は、こぢんまりと気の利いた白い現代的な建物で、快晴の空の下、紺碧に輝く海に面していました。どこまでも広がる海に浮かぶ島々が、絵のように美しい模様を描いていました。遠くに白い帆が見えたかと思うと、ヨットが水面に白い波の跡を残してまた視界から消えていきました。

文学館のエントランスホールは、美しいステンドグラスから光が差しこむチャペルのような空間でした。遠藤自身が、敬虔なカトリック信者でした。展示に見る足跡や写真から、彼が深く共感に満ちた人間であったことが伝わってきました。彼は実に難しい、究極のテーマ——信仰、殉教、迫害——を掘り下げて書いた作家でした。一九七六年にはアウシュヴィッツを訪問しています。強制収容所で別の収容者の身代わりとして自らの命を差し出したカトリックの神父、マクシミリアン・コルベ神父に関心を持っていたことも背景にありました。しかし、遠藤はまた同時に軽妙なユーモアや喜劇的な要素——それはしばしば深刻な状況のなかに現れるものですが——を合わせ持っていました。魅力的でおかしなマンガを描き、自分自身をマンガのキャラクターとして表現していました。「年をとってこそ、遊びが必要」、そう彼は言っています。遊びというのは、結局、精神的な自由や何ものにも囚われない精神の徴《しるし》なのです。あるいは純粋な良心と言われてきたものかもしれません。おそらく遠藤は、晩年にそれを体得したのでしょう。

文学館から少し離れた海ぎわに、白い抽象的な石の記念碑があり、そこには遠藤の言葉が刻まれていました。「人間がこんなに哀しいのに　主よ　海があまりにも碧いのです」と。私なりに解釈すると、こういうことになるでしょうか。日本の初期キリスト教信者たちの迫害のような暗い歴史を目の前にして、外には全き美しさそのものの自然の風景が広がっている。いったい私たちは何が言えるというのだろう——。おそらく、これ以上あるいはこれ以下に表現することはできないでしょう。

翌日、朝のジェット船に乗って、私たちは五島列島に向かいました。柿森和年さんという方の案内で、険しい山道をぬって散在するたくさんの教会を訪ねる予定でした。キリスト教の禁教が解けた後に、多くの教会が建てられたのです。行程は私にはいささか大変でした。前の夜はよく眠れなかったところに加え、道はくねくねと曲がりくねっていつ目的地に到着できるのか見当もつきません。しかし、柿森さんはユーモアのセンス溢れる人で、ガイド役として十分な知識を持ちあわせていました。自分の故郷である島の歴史にも通じていて、斜面のところどころに建つユニークな教会のこともよく知っていました。ユネスコの世界遺産に登録されてほしいという願いを持っていました。最初に訪れた教会(中ノ浦教会)に私は魅了されました。木造の建物で、壁は白と淡い青色に塗ってあります。まぎれもなく日本建築の構造を持ちながら、細長い建物に光が溢れる内側には、ルネサンスまでさかのぼるヨーロッパの聖人たちの彫刻が施されているのです。壁の上方には、椿——この地では、キリスト教の象徴なのだそうです——の意匠がこらされていて、私にはカトリック教会で初めて見る植物のモチーフとして、とても興味深いものでした。イギリスでは、カトリック教会は樹木や植物をモチーフにした絵画と彫刻で溢れていましたが、ヘンリー八世の時代にカトリックとプロテスタントの激しい抗争によってその多くが破壊されました。宗教戦争では数多の命も失われました。

教会の前で、一人のご婦人と言葉を交わしました。彼女は教会の役員の一人だそうで、自分の半生を語ってくれました。彼女は仏教徒の男性と結婚しました。それは難しい決断だったと言います。いったいどちらの宗教の祭司が結婚式を執り行うのか。幸運なことに、夫となる人は長男ではありませんでした。家名を継ぐ義務を免除されて、彼は妻の姓を名乗ることができました。やがて生まれた二人の娘たちは、のちにカトリックの尼さんになりました。娘さんたちは幸せ？と、私は尋ねました。答えようとする表情には、複雑な感情が滲んでいました。娘たちをカトリックの学校にやらなければ、別の道もあったかもしれません。彼女たちは地元の聖職者たちに接する機会がほとんどなかったので、何も分からないまま、修道院の生活に入っていきました。でも、二人とも幸せに暮らしています、と婦人は答えました。そしてこう付けくわえました。彼女たちは、カトリック教会が建てた地域の病院で働いていて、その病院は周りの村人たちにとても役に立っているのです、と。

西洋社会で、違う宗教の間の結婚を数多く見てきた私には、同様の難問があることが察せられました。特にユダヤ教徒の友人たちが抱えている問題を思い出します。彼らの子どもたちは、親以上に宗教的に厳格で、ときに正統派ユダヤ教徒であることを選びます。おそらくそれは、一つの世代がしばしば前の世代とは反対の方向へ行くというだけかもしれません。あるいは私たちの内側にある「少数派としての自分」に引きつけられるのかもしれません。長い間「隠れキリシタン」であることを棄てなかった人びとは、祖先が自身の信仰を守り抜き、殉教までしたことを誇りにしていました。私たちのアイデンティティの中にある、迫害された部分は、しばしば私たちが守り抜きたいと願っているものなのです。

私が言葉を交わした婦人が、どれほど信心深いのか、私には分かりません。でも、彼女はある種凛《りん》とした、混じりっ気のないまなざしをまっすぐに向け、真剣な言葉を、どんなことにも動じない様子で語りました。

それは、しばしばキリスト教の尼さんたちや、ほかにも宗教を単なる感傷主義ではなく、確固たる礎だと思っている人たちの表情に私が見てきたのと同様のものでした。

長崎市では、私たちは浦上天主堂を訪ねました。原子爆弾によって破壊された天主堂です。天主堂の信徒代表の一人という老紳士(深堀繁美さん)が、案内をしてくれました。原爆投下の瞬間、ミサが行われていたので、天主堂には人が数十人おり、その全員が亡くなりました。浦上地区の信徒のうち、およそ八五〇〇人の人たちが原爆によって亡くなり、三五〇〇人が生き残ったと言います。恐ろしくはありませんでしたか、と尋ねました。そして、生き残ったことに罪の意識のようなものを感じておられますか、と。彼の答えは、心に深く触れるものでした。原爆という破壊、大量死に、彼が耐えられたのは、ひとえに、同じ経験をしている信徒たちと共にいたからだと。みな共に祈りました。生き残ったこと、そして死を目撃したことが、彼らに一体感をもたらしました。これは、トラウマを負う状況にしばしばみられることだと思います。苦しみが共有されることで、苦しみそのものに耐えることができるようになるのです。自分が一人ぼっちではないと知ることで、身体的にだけでなく、精神的にも生き延びることができるようになるのです。

信徒代表の老紳士は、有名な被爆マリア像、顔が半ば崩れ落ちた頭部が保存されているチャペルに案内してくれました。被爆マリア像の頭部は、原爆投下後の瓦礫の中でかろうじて見つかったものでした。マリア像と教会の内部を案内してくれた老紳士の口調は淡々としていて、感傷的な誇張はみじんもありませんでした。五島列島で話を聴いたカトリック教徒の婦人同様、彼も自分自身の信仰と生活をごく自然に身につけているように見えました。信仰は彼の人生と自身の一部になり、もはや信仰に対する従順を何かのかたちで示さねばならないような、外にあるものではないのです。

広島でも、そして長崎でも、いまだに皮膚感覚をもって生き続けている過去と、私たちが訪れた陽光降り注ぐ現在との間に横たわる距離は、決して簡単に測れるものではありません。長崎市長の田上富久氏からお招きを受けてうかがった昼食会は、長崎の歴史と関係の深い中国を意識してか、中華料理風でした。料理は美味しく、田上市長も魅力的な人でした。市長という立場により、彼は長崎の歴史の守護者という役割も持っています。市長の、長崎の被爆犠牲者の方々を悼む原爆の日の平和宣言が素晴らしいものであったと私は聞かされていました。私は彼に、原爆に対する広島と長崎の姿勢の違い、「怒りの広島、祈りの長崎」についてどう思うかと尋ねました。私の質問の真意——原爆のような恐ろしい破壊に対して、怒りというのは人間のごく自然で正当な反応ではないか——を、市長は理解していました。市長はこう答えました。「祈り」は、決して弱い応答ではありません、と。彼の視点から見ると、祈りはとても強い思想であって、現在に現実的な変化をもたらしうるものなのです。彼は、長崎で行われたキリスト教の宗派を超える指導者たちの集会のことを話しました。宗派に関わりなく、出席した指導者たちがともに平和という共通の目的のために祈り、そこでは宗教の違いや対立を超越していたのだそうです。

しかし、もちろん、市長にとって重要なのは現在であって、さまざまな難題に直面していると言います。レストランの大きなガラスの窓からは、現代的な長崎の顔が見渡せます。近代的な高層ビルがきらきらと光を放つ小さな森のように見えました。現在、と田上市長は言葉を続けました。仕事がなく、若者たちは長崎から、磁石に引き寄せられるように県外に、たいていは東京に出ていきます。仕事をどうしたら創出できるのでしょうか。市長が何か施策を考えているのではないかと尋ねてみました。市長はいたずらっぽく笑みを浮かべて応酬します。「何かよいお考えでも？」冗談まじりに、私に聞き返しました。もちろん、私に名案などあるわけはなく、「あなたが抱える難問ですね」と答えました。ほんとうにそれがどれほど難しいことか、想像できます。政治家の仕事を近くで垣間見ただけでも。市長として、彼は長崎という街に責任を負っています。しかし、仕事がない状況を生み出している要因、あるいは反対に仕事の機会が豊富である状況を生み出す要因は、一人の手ではいかんともしがたいと思います。

時間が限られた長崎観光で立ち寄った出島の旧外国人居留地に私はいたく魅了されました。往時はほんの一握りの船長や商人しか住むことが許されていなかった場所です。当時、本質的に彼らはみな、不釣り合いなほど魅力的なこの四方を閉ざされたこの地に抑留されていたのです。そのような歴史的背景に魅了されたわけではありません。ポルトガルやオランダからこの港町にやって来た貿易商人たちは、疑いもなく自分たちの文化的優越性を認識していたでしょう。しかし他方で、逆方向の偏見も広がっていました。江戸幕府は、貿易商人たちを危険あるいは好ましくない存在だと見なし、日本人と交流することを禁じたのです。おそらくキリスト教が広がることを恐れてもいたのでしょう。そういうことを考えると、外国人居留地に魅了されるなんて、あってはならないことでした。でも、長崎に入る特権を得た外国人たちの家々は素敵で、屈強な海の男たちが自分たちの「家」を思い出させるよすがを持ち込もうとした、その想いに心を動かされもしたのです。家具や食器、ナイフやフォーク、壁に吊るされた鏡や——典型的な趣味の——装飾的な壁紙など。内装から、裕福な人たちだったことが分かります。それと同時に、慣れ親しんだもの——故郷のもの——を身の回りにおいて安らぎを得たいという願いも伝わってくるのでした。

大島ミチルさんと対談をしたのは、この外国人居留地の一画にあるレストランでした(本書、コーダ)。対談は、大島さんと一緒に私たちの旅に同行した映像ジャーナリストの栗本一紀さんが撮影してくれました(本書付属DVDに収録)。

そして再び、「過去」が立ち現れたのです。あの過去が。大島さんはエレガントな女性で、有名な作曲家です。しかし、彼女は長崎の被爆者の娘でもあります。自分の母親のことを語るとき、胸に溢れてくる感情が、強い緊張と弱々しさを伴ってほとばしりました。彼女の母親は、原爆で家族を全員失ったのだと言います。大島さんは母親がなぜそのことを語ってくれなかったのか、その沈黙を理解することができませんでした。どうして怒りを発しないのか、すべての感情を押し殺しているのか。「母が率直に私に話してほしいと願っていました」と、彼女はせきを切ったように語りました。目に涙を浮かべていました。「母は私にとって、とても大切な存在なのです。長崎に生まれたからではなく、歴史とも関係なく、母は母なのです」。母親は、家族の歴史が自分に流れ込む水路のような存在です。母親が遠い存在であるということは、大島さん自身に親との親密な関係の切断を感じさせるだけでなく、自分自身の源流からも切り離されているという感覚をもたらしているに違いありません。私もまた、恐ろしい歴史的出来事の後に生まれ、人生の最初の一歩を、死者を悼むことから踏み出しました。悼むことは私たち二人に共通する、逆説的な意味でのアイデンティティの基礎です。もし、その現実が抑圧されてしまったら——実際にそういうことがまま起こるのですが——、何が失われたのか、そして親に何が起きたのかを、ずっと問い続けなければなりません。

そして、話題は再び心を修復する力を持つ芸術というテーマに行きつきます。大島さんは自分の音楽が、喪失の感情から生まれ、そこから命を汲み出していると信じています。語らいの間に、私たちの歴史が具体的には異なるものであるにもかかわらず、私たちが共通の過去について話しているように感じました。そのような親和性を地球の裏側でも感じられることが、私たちが同じ人間なのだという感覚、地球のどこでも人生の営みは同じなのだという意識を支えているのだと思います。

6　東京に戻って

再び津田塾大学に戻ってから、私は時間を見つけては、東京の都心に冒険に出かけました。巨大な都市はとても印象的ですが、何となく尻込みしてしまうような感じを抱きました。地下鉄はほぼ定刻どおりに走っています。道も清潔です。目を覆うような貧困も見当たりません。こういったことが、とても印象的なことでした。しかし、私はものが大量にあること対して病的な恐怖症なのです。東京のあらゆるものの量の凄まじさは、私を圧倒しました。絶え間のない人波、ぎっしりと密集して建ち並ぶ統一感のない建造物、夜になっても背広姿の男性たちで溢れかえる地下鉄——察するに彼らは一二時間以上仕事をして帰る途中なのでしょう。このような大量のもののただなかで、どうやって自分の居場所を見つけることができるのでしょう。自分の個性を表現できるのでしょう。そして、特別な愛する人や結婚相手を見つけられるのでしょう。

しかし他のどんな都市についても言えることでしょうが、東京にいても、大勢の他者の間に自分だけの安らぎの空間を見つけたり、個性を持った人間として人を見ることもできます。公園、街路樹の静寂、ほっと親しみを感じる場所が都会にもあります。そんな場所の一つが、白井哲さんの小さな図書室でした。彼は、もともと日本の作家たちの作品を英語で出版する仕事をニューヨークでしていました。今はニューヨークを引き払って東京に戻り、小さくて魅力的な図書室に、かつて出版した美しい蔵書を展示しています。ある日の夕方、彼は私の講演後に、その図書室でささやかな交流会を主催してくれました。日本でも有数にちがいないシェフが準備してくれた料理は目に美しく舌に美味しく、食いしん坊の私の記憶にずっと残るものでした。集った人たちは、出版関係者や評論家で、本を巡る会話に打ち解けて、日本の作家のことやイギリスの古典に話が及びました。なじみの名前が話題に上り、文学界のゴシップ話に花が咲きました。ここでもまた、文学が国境を越えて人をつなぐ輪であることを感じました。その輪につながっていることが、喜びであることも。

私はなぜニューヨークからロンドンに移住したのかと尋ねられました。「食べ物と気候がいいからです」と私は答えました。それを聴いて、そこにいた人たちの何人かが可笑しそうに笑いました。まあ、私の冗談が通じたの！　文化を越える理解が可能であることの証明でした。

＊

もう一つ、人が息抜きをする空間を発見しました。マンガ喫茶です。日本の若者たちが夢中になっているというこのマンガ喫茶に、私はいたく興味をそそられました。実際に出かけてみて、合点が行きました。最初は本当に行くの？と訝《いぶか》っていた友人たちが連れて行ってくれたマンガ喫茶は、足を踏み入れてみると、思っていた以上に奇妙な空間でした。六本木の雑居ビルの一二階にある店に入ると、外のオフィスビルの雰囲気が一変して異次元の空間が広がりました。部屋は細長くて薄暗く、日本の公共スペースによくあるような洗練された華やかさはまったくありませんでした。入口のところで、感じのいい若者に少しばかりの入場料を払いました。奥に入ると、灯りがさらに暗くなり、たくさんの低い本棚に画一的なサイズのマンガ本が何百冊もぎっしりつまっています。まさにマンガ「図書館」といった風情ですが、図書館という言葉は、ここには不似合いかもしれません。マンガ本はじっさいに「読まれる」のでしょうか、あるいは単に眺めるだけのものなのでしょうか。子どもたちがマンガに夢中になるのは見慣れていましたが、マンガを眺めるのと、読むのとは違うのではないかと思っていました。私も本棚から何冊か異なる種類の英語のマンガを手にとって「ざっと見る」ことを試してみました。女性向けのマンガ、女の子向け、男の子向け、そして男性向けのマンガです。明らかに、日本で出版される本の中で、マンガのマーケットが一番大きいでしょう。「本当の」本は、マンガ本にとって代わられているのでしょうか？　私たちにとって読書とは、集中力を要し、何かしら自分の内面に深く分け入っていく行為を指すものでした。お客さんたちがマンガを読むスペースに入ると、違和感がさらに深まりました。読書室——こう呼んでいいかどうかは別として——というのは、ずらっと並んだ個室のことで、中がちょうど見えない高さの扉がついています。そこに、客たちはマンガ本と飲み物を持ち込み、さらに備付けのコンピュータと一緒に陣取っているのです。中はほどよい温度に設定され、奇妙な芳香剤の匂いが漂い、すべてが安っぽい、くたびれた感じがします。こういったものすべてが、また客がほとんど男性だということが、その空間をどこか、そう、ポルノグラフィックな雰囲気にしているようでした。ポルノグラフィや、屈折したセクシュアリティが醸し出す特有の悲哀感が漂う雰囲気です。

失業者たちがマンガ喫茶で夜を明かすこともあるのだそうです。中は暖かくて、それなりに居心地がいいからです。この個室をバーチャルなガールフレンドとの密会の場にしている人もいるのではないかしら、と思いました。マンガがもともとバーチャル・リアリティの形態であることを考えれば、たしかに理屈が通ります。

しかしその一方で、マンガは子どもたちの学習過程の導入として役立っているということも聞きました。たとえばフランス革命の歴史を学ぶきっかけになったり、社会的不平等を分析する糸口になったり、と。いずれにせよ、このダイナミックで、生き生きとした形態のマンガが、なぜ若い読者たちを惹きつけているのかが分かったように思います。私たちの世代の、熱心な読書人や知識人たちがかつて持っていた価値観――知的文化と大衆文化という区別――が、もはや通用しないポストモダンの時代の産物だと言えるでしょう。あるいは、日本には西洋的な分類が通用しないのかもしれません。あるいは、日本文化が持つ側面として、軽妙なものが深いものとつながりうるということ、単なる遊びに見えるものが有益な教育や啓発につながりうるということの現れかもしれません。

六本木では、ホテルの中に高級店が入っている、実に洗練された場所にも行きました。高い吹き抜けのあるロビーは、五層にわたる人工滝――精巧にできた淡い青色の折り紙のような金属の連なり――が繊細に揺れていました。ディスプレイされた商品の美しさ、日用品(カップや紙、チョコレートに至るまで)を美的に見せる工夫。クリスマスの飾りまでも上品で、すべてが生活をより豊かなものにし、目を楽しませるもの、美的な感覚を創り出したいという、あくなき努力と願望を物語っていました。

＊

こういった文化とまぢかに接し、その魅力を感じてみると、都市の巨大さは、東京の一三〇〇万人あまりの住人たちにはおそらくあまり問題ではないのだろうという気がしてきました。私自身は、世界のさまざまな大都市を訪ねると、人間の多さに圧迫感を感じ、そこから生じる切迫した問題に思い至らざるを得ないのですが、東京の住人たちは、自分たちなりの生活をちゃんと送っているようです。現在、地球上には何十億もの人間が暮らしているという、新たな意識をもって私たちは暮らしています。私が思うに、こういった意識は、さまざまな影響を及ぼしていて、それは自分自身の人生をどう考えるかということだけでなく、私たちが「人類全体」をどう理解するかということにも関わっています。一人の人間がどういう人間であるのか、そして何が「人間の本性」を形成しているのかを考えなくてはいけないのです。そしておそらく、私たちの認識の変化は、社会的な変化を促し始めています。たとえば、日本にはバーチャルなガールフレンドのいる若い男性がそれなりにいて、彼らにとっては、生身の人間関係がもたらすさまざまな困難よりも、二次元の人間関係の方が楽だというのです。このことに、私は少なからず驚きました。

こういった若者文化が何らかの問題を抱えているのは新しいことではありません。欧米の、特にアメリカの、一九六〇年代から七〇年代に育った世代にとって、人間関係はすでに多難なものになっていました。それというのも、性や結婚をめぐる伝統的な規範が一掃されて、「性の解放」の名のもとに、性急で複雑な混沌にとって代わられたからです。結婚に対する従来の考え方と、自由で束縛されない恋愛関係という新しい可能性の間で、多くの若者たちは愛という概念や親密な関係そのものを放棄しました。しかし、私が見た日本の若者たちは、さらにその先を行っているようでした。「関係」という言葉は、画面に映し出された人間との関係をさす場合には、どのような意味を持つのでしょうか。こういった「ガールフレンド」と関わる若者たちは、コンピュータの画像がある意味で現実と信じこんでいるのでしょうか。あるいは、彼らは面白い遊戯――インターネットに溢れる「バーチャル・リアリティ」が何かしらの現実感覚を持っているのと同じように、リアリティを感じさせてくれるゲーム――に参加していると思っているのでしょうか？　ここまでくるともう私にはお手上げですが、一つ言えることは、こういった現象は、人間の極度の疲弊を示しているということです。私たちの世代が幻滅を重ねて辟易した「あそこに行った、あれをした、あのTシャツを手に入れた」といった宣伝文句は、いまや人間関係を代行するビジネスにとって代わられたのかもしれません。そしておそらく、地球が人間で溢れているという潜在意識、地球の人口がいまや膨れ上がっているという認識は、人類の未来に対して希望を持てないような意識を生み出し、少なくとも永遠のパートナーを見つけ子孫を作らなくてはいけないという義務感を減じさせているのではないでしょうか。

＊

日本の社会と文化の、このような多様な顔は、一つに集約できるのでしょうか。おそらくその必要もないでしょう。現代の多くの先進国の社会は、すでに文化的に単一的ではなくなっていて、すべてのピースがきれいにはまるジグソーパズルではないのです。もっと複雑で、混沌としていて、予測できないでしょう。たとえば「イギリスらしさ」「フランスらしさ」「ポーランドらしさ」などを形成しているのは何なのか、それを見極めるのは簡単にはいきません。そして、もちろん、私たちのポストモダンの時代にあって、すべての社会は劇的で場合によっては急速な変化の影響を受けやすくなっているように見受けられます。日本文化は、両極に分裂した文化のように見えます。一方には、いくつかの分野でいまだに伝統がそのまま日常世界に、とくに古い世代で、完全に生き続けており、他方には、強力な労働倫理と、すみずみにまで浸透しているほとんど「ポスト人間的」ともいえる技術によって推進されてきた最新のモダニティがあります。こういった矛盾は、日本独自の葛藤や混乱を生み出しているにちがいありません。特に若い世代、それも若い男性がその渦中にいるのではないでしょうか。なぜなら日本の、前の世代より自由で解放された世代の女性たちにとっては、キャリアを積んで仕事で自己実現をする可能性そのものが、まちがいなく挑戦であり目的になっていると思います。他方、同じ世代の男性にとって、社会的成功へのプレッシャーは、女性が感じるような新しく心躍る試みには思えないのです。男性に対する成功への期待は女性より遥かに大きく、ときにはそれに押し潰されそうにもなるでしょう。バーチャル・リアリティでガールフレンドを持つという現象に加えて、日本では、若い男性が両親と同じ屋根の下で暮らしながら、しばしば食事以外は話もせずに自分の部屋に閉じこもっていることがあるという話を聞きました。彼らは、実際の人間関係よりネットの画面の中の人間関係の方がいいと思っているというのです。

こういった状況は、私の世代が経験した「落ちこぼれ」現象の日本版でしょうか？　私の世代では、多くの若者たちが競争とキャリアを捨て、田舎に引きこもり、ヒッピーのような格好をして、ときに大麻を育てたりしていたものです。そういった若者たちも、アメリカ社会の厳しい競争や労働倫理の「非情さ」に抵抗していました。でも、日本の現象は、もっと極端なように思えます。あるいは、精神的な背景が違うということかもしれません。対抗文化《カウンターカルチャー》の「共同体」に身を投じる代わりに、自身の小さな孤独な空間に引きこもっているのです。

世界を自分の小さな空間に縮小してしまった若者たちは、激しい競争に晒される運命共同体としての社会の圧力に対して特に敏感な先兵たちなのでしょうか。結局、全体として、そして世界的な規模で見て、無限の富の蓄積や拡大、成長がもはや不可能であることを認めざるを得ないところにきているのではないでしょうか。そうだとしたら、引きこもっている現代の若い隠遁者たちは、かつて西洋社会で見られたような現象の反響や反復ではなく、新しい何かを示していることになるでしょう。画一的な成功神話や、絶え間ない進歩の幻想がもたらす精神的な犠牲を警告する、世界の炭鉱のカナリアと言うべきかもしれません。

私にとってはなじみ深い西洋社会が経験してきたポストモダニティに比べて、日本の現象がどのようなものであるのか、私には判断がつきません。しかし、私が日本で感じた異質性と親近性の両方について言える一つたしかなことは、日本は、やはり西洋とは異なる領域、いわば「斜《オフ》・西洋」の立ち位置に、いましばらくは留まるだろうということです。

エピローグ――皇后さまとの出会い

皇后美智子さまにお目にかかる光栄に浴したことは、いまだに言葉が見つからないほど大きな出来事でした。とても緊張しました。何を着てゆけばよいのか、礼儀正しいお辞儀はどうすればよいのかと、いろいろなことが気になりました。いざお目にかかってみると、皇后さまは、本当にお心が寛く、客人への礼節に心をくばられながらも、相手に気を遣わせず、打ち解けてくださる方であることがすぐにわかりました。ベネズエラ大使公邸での小さな特別な集まりに招かれた私は、ご到着された皇后さまを前にして、実に稀有な魅力をそなえた方とお会いしているのだと感じないではいられませんでした。その時七九歳になられるという皇后さまは、美しくエレガントで、一つの振る舞いにも上品な魅力が溢れる方でした。何より印象的だったのは、皇后さまのお人柄のすばらしさ、まわりへのさりげない配慮、気配りの細やかさでした。私は、皇后さまが書かれた児童文学についてのいくつかのエッセーを読ませていただいたのですが、そこにも、実に魅力溢れる文章が綴られていました。感受性の豊かさが感じられ、等身大の声が聞こえてくるようで、子どもの感情世界への洞察に満ちていました。そして、子どもたちが自身の経験を表す本というものをどれほど必要としているか、そのことへの深い理解が、完璧で精緻な英語で書かれていました。まさに人間性に満ちた人の手による個人的なエッセーの最高峰の一つだと言えるでしょう。個人的なエッセーというのは、特に私が好むジャンルですが、それは書き手の思想や感性が立ち現れてくるからです。皇后さまはまた、早川敦子さんの日本語訳で出版されてすぐに手にとってくださっていた拙著『記憶を和解のために』について、深くありがたいお言葉をかけてくださいました。さらに短い個人的な会話でしたが、皇后さまのエッセーについての私の感想をお聞きになり、そこに私は皇后さまの謙虚さを感じたのです。

皇后さまとの出会いがベネズエラ大使公邸という特別の場所になったのは、大使夫人コロンえりかさんとのご縁ゆえのことでした。えりかさんは、素晴らしいソプラノ歌手で、この日のためにと心をこめて選んだ、なんとも美しい歌を私たちに披露してくれました。『記憶を和解のために』に登場するマイダネクの強制収容所に収容されていた九歳の少女、エルズニアが書き記した、短く悲痛な詩をもとにした曲もありました。えりかさんの渾身の歌は、心に深く迫るほど美しく、そこにいた私たちみんなの心をとらえました。[*1] つづいて、日本の代表的な俳優、吉永小百合さんが「原爆詩」を朗読しました。なかには、子どもたちが書いたものもありましたが、それはすべて被爆の経験を表現したものでした。吉永さんの静かな、柔らかな声から、むごい悲劇の苦悩と悲しみが、そしてときに新たな生への希望、人間が引き起こした地獄から発せられた思いが、あますところなく伝わってきました。

そして、最後に、思いがけない出来事が待っていました。皇后さまが、私のために、「降りつむ」[*2]と題する詩を最初に日本語で、そして続いてご自身の英訳で、読んでくださったのです。やさしく、すべてを受け入れる憂愁を帯びた美しさを内にたたえた、なんともうるわしい詩の朗読でした。さらに驚いたことに、皇后さまはピアノに向かってお座りになり、ポーランド大使をピアノのかたわらにお誘いになると、ご自身でピアノを弾かれ、ポーランド語で美しいクリスマス・キャロルを歌われたのでした。大使の柔らかな歌声とともに、皇后さまがポーランド語で歌われる声が、はっきりと聴こえてきました。皇后さまは、その歌が持つ象徴的な意味を深く理解しておられました。そのあとの会話で分かったのですが、キャロルとはポーランドらしさの象徴的なものでもあって、第二次世界大戦中、ナチの占領下で公的な場所で歌うことが禁止されようとしていました。それでもキャロルは、ポーランドの家庭で歌われていたのです。簡潔で、叙情詩のようなこのキャロルを、ショパンはスケルツォのひとつに用いました。皇后さまの歌を聴いている私たちがさらに感銘を受けたのは、その才能の幅広さとともに、ポーランド語の歌という、未知で新しいものにも関心をもって理解しようとされる意思でした。ヨーロッパのルネサンス的教養人の為政者――たとえばエリザベス一世もその一人ですが――は、そのような幅広い教養と学識を身につけていました。でも、ヨーロッパでは、すでに「ルネサンス的教養人」の時代――君主制の時代――は、過去のことになって久しいのです。皇后さまは、この伝統をしっかり現代という時代につなげておられるように思いました。

率直に言って、私はこの日の出来事に驚きを感じていました。皇后さまは、豊かな想像力で、日本の苦悩に満ちた歴史を、私の母国であるポーランドという、悲劇の歴史を負った国につなげておられたのです。深いところでご自身の経験として思いを寄せてこられた過去と現在を織り合わせて、思慮深い配慮でもって象徴的に語られたことは、素晴らしいというほかないと感じました。

ベネズエラ大使公邸での午後は、ある意味で、私の日本での滞在を集約するものだったと言えるでしょう。身に余る寛容さと厚意で歓迎を受け、最後に、まさしくこの午後の特別な出会いと贈り物を与えられる光栄に浴したのでした。私のなかで、この素晴らしき出会い――日本で経験した数々の豊かで刺激的な出会い――を、すべて消化するには、まだしばらくの時間が必要でしょう。

英国に戻って、「西側の世界」だけでなく、私の住処である英国を、これまでとは異なる観方で再発見しはじめているような気がします。今の私は、もしかすると、英国を「オフ・ジャパニーズ」の翻訳、いわば「斜・日本」の存在として、捉えることができるかもしれません。

＊1　本書付属のDVDにコロンえりかの歌う「エルズニアの歌」が収められている。
＊2　「降りつむ」(『永瀬清子詩集』思潮社、一九九〇年所収)は、詩人・永瀬清子(一九〇六―九五年)が詩集『美しい国』(一九四八年)に収めた詩。永瀬は郷里岡山で農業に従事しながら詩作を行い、多数の作品を発表した。

降りつむ

かなしみの国に雪が降りつむ
かなしみを糧として生きよと雪が降りつむ
失いつくしたものの上に雪が降りつむ
その山河の上に
そのうすきシャツの上に
そのみなし子のみだれたる頭髪の上に
四方の潮騒いよよ高く雪が降りつむ。
夜も昼もなく
長いかなしみの音楽のごとく
哭きさけびの心を鎮めよと雪が降りつむ
ひよどりや狐の巣にこもるごとく
かなしみにこもれと
地に強い草の葉の冬を越すごとく
冬を越せよと
その下からやがてよき春の立ちあがれと雪が降りつむ
無限にふかい空からしずかにしずかに
非情のやさしさをもって雪が降りつむ
かなしみの国に雪が降りつむ。

Snow Falls

Snow falls on this country of sorrow.
Snow falls as though to say, "Feed on your sorrow."
Snow falls on loss and devastation :
On mountains and rivers,
On people with shabby clothes,
On orphans with dishevelled hair.
Snow falls, as louder the encircling seas moan.

Snow falls
Day and night
Like a long and plaintive dirge,
As though to say, "Calm the sobbing cry of your heart:
Enclose yourself in your sorrow
Like birds in their nests and foxes in holes.
Bear the winter cold as do strong leaves of grass
rooted in the earth."
Snow falls as though to say,
"Revive, good spring, from under the snow."
Quietly, so quietly, from the infinitely deep sky

Snow falls — ah, with what merciless mercy.

Snow falls
On this country of sorrow.
(Translated by Michiko)

第Ⅱ楽章

福島で詩を紡ぐ

二〇一三年一一月一一日、福島県南相馬市。作家と二人の詩人——エヴァ・ホフマン、若松丈太郎、アーサー・ビナード——がつどった。

右頁上　ひと気のない南相馬市角部内《つのべうち》地区の風景．たまに通るのは工事用車両だけ．

右頁下　住民が避難している地域に残された家を見て，ホフマンはポーランドの詩人フィツォフスキの詩(本書 71 頁)を思い出した．

上・左　津波で多くの人たちが流された「渋佐《しぶさ》の浜」に立つ．

下　南相馬市井田川《いたがわ》地区の津波被害を受けた水田と水路のまえで．

写真：齋藤さだむ

上・右　若松家での語らい．若松はホフマンとビナードに昔のアルバムを見せながら，岩手，そして福島の立ち位置を伝えてくれた．
左頁　福島の地で詩をつくる．ホフマン，若松，ビナードによる詩のコラボレーション．

福島県浜通りの立ち入り制限区域に入って

エヴァ・ホフマン
アーサー・ビナード 訳

猫の姿は威厳に満ちている
外壁が崩れてあんぐり口を開いた家の居間に座って
猫は家人の帰りを待っているに違いない
なんといっても家は今もここに建っているのだから
(もうここの土地が死刑宣告を受けたというのに)
生活必需品も散乱しながら
ここに残っている
布団　おたま
壊れたテレビ
割れた茶碗の破片

「現行犯でみんな捕まっちゃった
いきるという名の罪で」
一日を送る途中

On Visiting an Evacuated Site in the Fukushima Prefecture

Eva Hoffman

The cat sits in a stately pose
In the gaping room,
Waiting for their return.
After all,
The house stands in the same place,
Though the ground is dead.
The paraphernalia of their lives
Remain, in their shattered fragments.
A ladle—
Broken bowls—
A mattress—
Wrecked TV.

They were caught in the hot act of life,

なにかをする途中ふとした仕草の最中に
でもきっと戻ってきて続きをやるつもりだろう
きっと猫に餌をやりにくるはずだ……

まだ家の残骸のそこここに潜む
人の暮らしのにおいが漂ってくる
猫は静かに鼻孔をふくらませて
においの下に隠れるもうひとつの
危険をさぐろうとしている
得体のしれない目に見えない
におわない危険のそのにおいを——
猫の背中の毛は艶やかだ
なにが起きているか猫にはまだわからない
わたしたちはわかっているはずだが
やはりわかってはいないのだ
（みんな帰ってこないことだけはわかる）
ただ自分の息をいったいどう止めたらいいのか
一日の途中いきている途中この空気中に

Mid-act, mid-day, mid-gesture.
Surely, they'll come back to complete it—
To feed the cat.

Their human scent still
Lingers in the wreckage…
The cat widens its nostrils,
Probes under the new smell
Which spells
Invisible, ineffable danger.
Its fur shines.
It doesn't know yet.
We do. And yet we don't.
We know they won't return—
But we can't stop our breath
Mid-act. Mid-life. Mid-air.

柔和なまなざしの農夫[*1]

若松丈太郎

津波で破壊された農家
その庭に立って南の方角に目をやる
地震で沈下し冠水した井田川浦《いたがわうら》の水田
福島第一核発電所から一〇キロメートル
核災が発生し強制退去の指示があって
そのときのままの眺めがあって
いまはいちめん黄金色のセイタカアワダチソウ
人びとのすがたはない

井田川浦むこうの丘陵上
鉄骨で組まれた気象観測塔
丘陵のさらにむこうは棚塩《たなしお》の集落
棚塩にも津波が襲いかかった

集落は壊滅していっさいがなくなった
舛倉隆《ますくらたかし》*2が暮らした家もその農地も
舛倉隆が他界して十四年後のこと

丘陵上に気象観測塔を望む
津波で破壊された農家の庭で
ホロコースト二世のエヴァ・ホフマンが口ずさんだ
　情熱あふれる生きかたをして
　〈生きるという犯罪〉の現行犯として
　逮捕された人びとがいる
ポーランドの詩人イェジ・フィツォフスキの詩の一節

わたしはひとりの農夫のことを思った
核発電所新設予定地を
気象観測塔が立つあたりの土地を
共同所有して三十年間反対しつづけた農夫
核発電所新設を反対しつづけた農夫
どこにでもいそうな柔和なまなざしの農夫

闘いつづけて一九九七年に八十四歳で他界した農夫
情熱あふれる生きかたをした農夫

福島第一核発電所で核災が発生して
電力会社は核発電所新設を二〇一三年に断念した
計画発表から四十五年後のこと
どこにでもいそうな柔和なまなざしの農夫
生きるという意味を実現したひとりの農夫
エヴァ・ホフマンのつぶやく言葉を耳にして
わたしは舛倉隆のことを思った

一九三八／三九年度首都ワルシャワ市電話回線加入者名簿

イェジィ・フィツォフスキ[*3]
吉岡 潤 訳

——ラファエル・シャルフに[*4]

詳しい住所たちが突然
一般地名学へとお引越し
すると番地たちも数字の抽象へと逆戻り
そして肉体は言《ことば》となり
『回線加入者紋章名鑑』のうちに宿った

そこには信任された選ばれし人たちの名が
今や「不明」通りの「名無し」氏たち
番地は今もそっくり当時のまま
通りの反対側の
種やクワスの売店までたどりつくのに

目をつむっていても
水たまりをよけて渡ることができるほど

彼らはあちら側へとたどりつき
印刷された文字の行列に
遅ればせながら並び立つ
すべては不在者名簿に
アルファベット順で
万事つつがなし

彼らに伝言ゲームの無言電話がかかってくる
からっぽになったあちこちでその黒いベルが
かつて命の現場を
現行犯でおさえられた人たちのために
鳴り響く

＊1　この「柔和なまなざしの農夫」は、若松丈太郎詩集『わが大地よ、ああ』(土曜美術社出版販売、二〇一四年)に、文言を少し変更した形で収められている。

＊2　舛倉隆　一九一四―九七年。東北電力が福島県浪江町棚塩地区に予定していた原子力発電所の建設反対運動を展開し、計画を延期に追い込んだ。建設計画は、二〇一一年の福島第一原発の事故を受けて最終的に白紙撤回された(参考文献：恩田勝亘『原発に子孫の命は売れない――舛倉隆と棚塩原発反対同盟二三年の闘い』七つ森書館、一九九一年)。

＊3　Jerzy Ficowski, 1924-2006. 本詩の初出は一九八一年(Jerzy Ficowski, *Śmierć jednorożca*, Warszawa, 1981)。表題にある一九三八年、ポーランドの首都ワルシャワは一二六万人強の人口を数えていた(そのうち約三七万人がユダヤ人)が、第二次世界大戦中のホロコーストやワルシャワ蜂起後の都市破壊を経て、終戦時の人口は四〇万人にも満たなかった。

なお、訳出にあたっては東京外国語大学名誉教授の関口時正氏に貴重なご指摘を賜った。厚く御礼申し上げたい。

＊4　Rafael Scharf, 1914-2003. ポーランド生まれのユダヤ系知識人。一九三八年にイギリスへ亡命。戦後 *The Jewish Quarterly* 誌の創刊や、オックスフォードの「ポーランド・ユダヤ問題研究所」の設立に尽力した。

解説

早川敦子

「フクシマ」を訪れたエヴァ・ホフマンの意識に、突如、人間の営みが瞬時に奪われたホロコーストの時空が立ち現れた。アーサー・ビナードと共に、南相馬に若松丈太郎を訪ね、住民がすべてを置いて立ち去った家に足を踏み入れた時のことである。「外壁が崩れてあんぐり口を開いた家」では、生活必需品が、それをつい直前まで人が使っていたのがありありと伝わってくるリアリティとともにそこに残され、時間が止まっていた。「死刑宣告」を受けたその場所が、ホフマンには、ポーランドの詩人イェジィ・フィツォフスキが描いた、「現行犯でおさえられた」ホロコースト犠牲者たちが突如姿を消した命の現場と重なった。日々の営みが突然断ち切られ、人間の生活があたかもずっと続いていくのが当然だといわんばかりに残された現場。「生きていることそのもの」が断罪され、人の姿が消された歴史の現実を、若松丈太郎は、かつて未来を見据えて「核発電所新設を反対しつづけた農夫」舛倉隆が心血注いで闘い続けた核災の地につなげた。フクシマの、目に入る生命の存在はただ猫一匹のみという不気味なまでの光景は、電話帳に名前を記された人間たちが、もはや電話のベルに応答することもなく、住居から消えてしまった光景と歴史を超えてシンクロする。

詩作は初めての試みだというホフマンは、若松との出会い、そして一緒に詩を書くことを心から楽しみにしていた。フクシマへの関心はもとより、アーサー・ビナードが英訳した『ひとのあかし』を読み、そこに収められた齋藤さだむの写真にも大きな衝撃を受けていた。若松に会って、表現者として考えていることを聞いてみたい、そして彼のアウシュヴィッツ訪問の折の感想を聞いてみたい、そうホフマンは語っていた。

そのような思いを受けた若松は、自宅で、昔のアルバムを用意して待っていた。そして、少年若松が何故に詩人になり、何を表現しようとしてきたかを、まず語った。教科書が墨で塗られ、言葉が突然消された衝撃、詩作を貫く骨太の思考、目の前の植物を見つめ続けることで自ずと分かってくる変化の兆し、そして自身の言葉への信頼から生まれ出るたしかな世界の輪郭に、ホフマンは深い敬意を抱いた。

そのような会話を経て、核災の地、『ひとのあかし』の舞台を共に歩いた。そこで起きた言語に絶する災禍をしかと受け止めたホフマンの精神のありようは、あっぱれというほかない。それは、自らを戦争から生まれ落ちたという彼女が、ホロコーストの第二世代として、やはり言葉を超える人類の経験を表現しようとしてきた一貫した仕事を通して、ものごとを見極める基軸を築いてきたからにほかならない。だからこそ、時間が止まってしまった家の前に立ったとき、フィツォフスキの詩の一節が浮かんできたに違いない。

もともとは、ホフマンと若松は、ビナードの通訳を介してその場で感じたことを連詩のように繋いでいく予定だった。が、言葉を整然と秩序だった詩の形式に翻訳させていくには、あまりにも時間が短かすぎる。「もっと時間が必要」というホフマンの提案で、「ひとつの詩の同じ一節」を使ってそれぞれに詩を書いてみる、ということに落ち着いた。それが、フィツォフスキの詩の一節だった。ホフマンをして「フクシマ」にホロコーストを発見させたこの詩を、二人の詩の後に引用しておく。そして、『ひとのあかし』をカメラに収めた齋藤さだむが今回の旅にも同行、彼らが共有した時間の写真を併録する。

若松とホフマン、それぞれの立ち位置から時代と世界を観てきた二人の出会いが、ここに結晶した。

第Ⅲ楽章

日本で語る——言葉・自由・記憶について

1 世界の間、言葉の間
――第二言語で書く作家になることについて

私がどのような経験を経て作家になったのか、そして移民経験や祖国喪失が、どのように書くことに関わっているのか、それを話したいと思います。まず、私たちの文化の基本にある聖書の引用から始めようと思います〔創世記、三章二三―二四節『旧約聖書』日本聖書協会、一九九一年版〕。

主なる神は、彼をエデンの園から追い出し、彼に、自分がそこから取られた土を耕させることにされた。こうしてアダムを追放し、命の木に至る道を守るために、エデンの園の東にケルビムと、きらめく剣の炎を置かれた。

このように創世記は、人間の最初の故郷喪失について語っています。それ以降、何かしらのかたちで、あるいは程度の差こそあれ、祖国を失ったと感じていない人間はいるでしょうか？ 私たちはみな、最初の家と風景、子ども時代、最初の家族への愛情、そして本当の自分自身からも引き離されていくと感じています。

そしてまた、共同体の一員としての所属意識や、他者と一緒に歩んでいるという意識、また、自分が心地よい居場所にいるなどの望ましい感覚が、いつも私たちからすり抜けていってしまうと感じます。命の木と私たちを隔てる剣の炎は、あちこち方向を変えて私たちを戸惑わせ、なんとか木に近づこうとするのを阻みます。

祖国喪失は、ある意味では、人間にとって普遍的な経験と言えるでしょう。しかし、他方で、祖国喪失という言葉は、ある特定の社会的・政治的状況を指す場合もあります。ただし、それは決して単一の範疇に括られるものではないのですが、その言葉のもとに多くの異なる状況が括られてしまっています。個々の移住とその背景にある政治的・文化的状況は、夥《おびただ》しい現実的・精神的影響を引き起こします。それは、ある国から別の国へと移っていった人びとに対するさまざまな呼び方にも反映されています。

難民、エミグレ、移住者、祖国から遠く離れていった者など、その呼び方は多様です。こういった言葉は、社会的、また社会心理的な経験の違いを表します。まず、それが強いられたものなのか自身で選択したものなのかによって、大きく変わってきます。見ず知らずの国に、何の保護も生活の保障のあてもなく身一つで入っていくか、それとも何かしらの頼みの綱を期待したり自ら持っていったりできるかの違いはとてつもなく大きいのです。

アメリカは、移民国家であり、移住をテーマにした多くの文学が生まれてきました。ただしその多くが、外面的な旅、旅の成功や失敗を辿りながら、うまく行ったか行かなかったか、そういう文学になっています。私が最初の本で描きたかったのは、もっと内面への旅でした『アメリカに生きる私――二つの言語、二つの文化の間で』木村博江訳、新宿書房)。ただ、ときどき私は、私の書いていることはつかみどころがなく、またあまりにも特異で、他人にはおおよそ理解できないかもしれないと危惧しました。同時に直感的に、私が語っている問題や葛藤は、他のすべての移民の人たちのなかにもあるだろうと感じていました。彼らに代わって語ることができればと、そう願いました。まさにそのような希望が、私の背中を押していました。最初の本を書くということは、自分の個人的な経験を解き放つところがあって、リスクを冒して書くものを特異にしてしまう可能性があります。それでも、単に自分のためだけに書いているのだと思っていたら、執筆はもっと困難になったでしょう。私はある部分、他者の経験を代弁して書いているのだと、そして、もちろん、他者に向けて書いているのだと、そうありたいと願っていました。まず、私は文化を越える旅がどのようなものなのかを、友人たちに説明したいと思っていました。それは同時代の言語をめぐる思索であり、私にとって意味深いと同時に精神的につらい作業でした。最後には、私は精神分析学と心理学との対話も行いました。この対話からさまざまな新しい問いが生まれました。そして、第二言語と自分の出自ではない文化のなかで生きていくことの困難さが、精神分析的な観点からは不当に軽視されていたことに気付きました。しかし同時に、精神分析は、私に第三の言語を与えてもくれました。それによって、第一言語と第二言語の間に楔《くさび》を打ち込み、その両方を行き来する道が拓かれたのです。その道を辿って、私は二つの物語の両方を見渡せる立ち位置を得て、それを統合し、相互に働きかけさせることができたのです。

ここで、私の過去の物語の一端に触れておきましょう。私の家族は、冷戦のさなかに――スターリン時代の最悪の時期ではありませんでしたが――ポーランドから移住することを決めました。一九五六年に、よりリベラルな政府が発足して〔六月のポズナニ暴動により、ヴワディスワフ・ゴムウカが第一書記となる〕、ポーランド国内のユダヤ人が国外へと移民する規制が解けたのです。多くのユダヤ人たちが、明らかに戦後ポーランドを覆っていた反ユダヤ主義の空気を感じ取っており、それも理由となって、この移民の規制緩和を利用しました。ほかの理由としては、当時の社会主義圏の国々が、依然として住むには厳しい環境であったということもあったでしょう。私の両親も、移住を選びました。ただ、ほかに選択肢がないなかでの決定であったことを思うと、自由というものとは程遠いものだったと思います。多くの冷戦下の移民と同様、私たちはポーランドの土を踏むことは二度とないと覚悟していました。戻ることができないという意識は、私のなかに鋭い「裂け目」の感覚をもたらしました。私が知っていたポーランドとあらゆるものが、私から突然切断され、埋めようのない間隙が生じました。突如としてポーランドは、自分とはまったく別の、手を伸ばしても届かない場所に変わってしまったのです。

歴史だけでなく地理的な距離もまた、裂け目の感覚を深めました。私たちが向かったのは、カナダのバンクーバーでした。私が育ったクラクフとはすべてが正反対の場所です。この二つの街ほど、対照的な場所はないだろうと思います。それは部分的には、冷戦の現実によって生み出された違いでした。ポーランドは戦争によって蹂躙《じゅうりん》された上に、抑圧的な体制下で貧困と閉塞感に喘《あえ》いでいました。私の子ども時代の鮮明な記憶は、廃墟となった街の光景です。通り全体が瓦礫に覆われ、建物は窓ガラスが割れ、爆撃で外壁が飛ばされ、石の破片に埋もれた部屋が剥き出しになっていました。理由は明らかではありませんが、クラクフの街自体は、戦争による破壊を免れ、中世とルネサンスとバロックの建築が残る美しい街の様相をとどめていました。でも、人的被害はあらゆるところに見られました。私の家族のなかにも――両親の家族は戦争でみんな亡くなりました――、友人の人生でも――みな家族の誰かしらを亡くしていました――、そして、通りにいる負傷者たちや日々の会話のなかにも、過去の出来事が重くのしかかっていて、前に進む気力を押し潰していました。他の東ヨーロッパ諸国同様、戦後のポーランドは経済が停滞し、戦後の近代化の波から取り残されていました。それに比べてバンクーバーでは、すべてが未来に向かい、過去は一顧だにされていませんでした。新しいこれからの街であり、物質的な繁栄の波に乗って、歴史や集団的な悲劇などには、まったく無頓着でした。

冷戦は、世界を二極化しました。そのような世界では、祖国喪失が必然的に生じるのだと思います。つまり、内面世界を二極化するような力が働くのです。空間的には、世界は真っ二つに分裂して、越えることができない壁が横たわっていました。時間的には、過去が突然一方に押しやられ、他方に現在が位置付けられたのです。このようなことすべてがあいまって、根を失ったような経験に伴う、居場所を奪われた感覚や喪失感が極端なまでに高まりました。ある次元では、もちろん、私は現実に失ったものを悼みました。私がポーランドをあとにしたのは一四歳になるかならないかのときでした。私はまだ終わっていない自分の子ども時代から、愛する自分の居場所から、最初の友情から、風景や音楽のレッスンや、先生たちとのつながりから、そして私の最初の本当の家から、力ずくで引き出されたように感じていました。戦後のポーランドにまだ残っていた共同体の感覚と、さらには、おかしいと思うかもしれませんが、周りの人びとと同じ苦悩を背負っているのだという感覚を懐かしく思い起こすのです。その感覚は、私が成長する過程で、自分は何か人間の経験の深いところに触れていると感じさせてくれました。

加えて、直接触れることができない喪失がありました。それは、私が祖国を失って別のところに移植されるという経験をしなかったら、その重要性には気付かなかっただろうと思う喪失です。私はいくらもしないうちに、失われたものが自分の精神的な家に等しいものだったことに気付いたのです。まず、根を奪われたという現実は、言語と文化が、いかに本質的に重要であるかを突きつけました。言語と文化という個人を超える大きなものは自己の、もっとも深い内面と分かち難いことを学んだのです。私はしばらくの間、まったく言語のない状態に置かれました。ポーランド語は深く自分のなかに沈みこみ、他方英語は得体の知れない未知の領域でした。ポーランド語は、突然私にとって過去の言葉となり、もはや戻っていくことのできない場所の言語に変わっていました。自然に言葉として出てくるのではなく、苦労して使わねばならない言葉でした。新しい環境で、ポーランド語で語り合える人間はいませんでした。また私の新しい経験は、ポーランド語で表現できるという気もしませんでした。英語は、むろんしばらく、外国語のままで、初歩的なことを伝えることができるだけでした。もっとも基本的なこととして、言語のない状態で暮らすことは私の自尊心にとって、大きな打撃でした。雄弁だった私が、自分の言いたいことも満足に言えず、喜びの表現からも遠ざかり、どうにも奇妙な言語しか使えない無益な人間に変わってしまったのです。冗談を言うなど論外でした。思春期の人間にとって、それは自意識が深く傷つくことでした。

しかし、より強く感じたのは、私が自分自身と語り合う内面の言葉さえ失ったということでした。その期間は短いものでしたが、私にとっては根源的で発見に満ちた経験でした。というのも、言語がいかに深く私たちの存在を構築し、内的な生活を形成しているか、自己を媒介しているかを認識したからです。私たちの存在や生——生きているという実感——だけでなく、認識やものごとへの理解が、どれほど自己との対話に大きく拠っているのかが分かりました。もちろん、私の話を聞いてくださっている皆さまにとって、発言することの重要性、内面にあることを意識のレベルまで持っていって表現することの大切さは言うまでもないことでしょう。私が言いたいのは、人間が内面世界を表現する言葉を持たないでいると、内面の経験は意識の闇のなかに沈み込んでしまうということです。世界は生気を失い、輪郭をなくしてしまいます。他方、何かを明確に伝えようとする言葉が豊富で細やかだったら、世界そのものにさまざまなニュアンスや豊かさを与えることができると思うのです。バンクーバーで私たちを取りまいていたいろいろなものの名前――単純なところでは、たとえば、ポーランドにはない郊外の家並みの呼び方など――を知らずにいた頃は、私にはそういった家々がはっきりと見えていなかったのです。私たちがものごとをイメージし想像する力は、言語と、名付けをする能力とに神経学的に結びついているのではないかと私は推測しています。でも、おそらく、私は自分につながる水路――経験を自らに刻印するための、原初的で曖昧な感覚や印象への水路――を致命的なかたちで見失っていたのだろうと思います。感覚や印象は、何らかの方法で描写されなければ、十全なる経験として統合されることはありません。

物に名前を与える能力は、表層的な部分では比較的早く身につきました。特に私はまだ若かったので、英語を実用的なレベルで使いこなすところまでは、それほどの苦労をせずに到達できました。長い時間を要したのは、私の精神構造のなかに新しい言葉を取り込んで、本当の意味での内的言語にまで到達させることでした。言語学者でもない私が言うのは的外れかもしれませんが、ノーム・チョムスキー〔アメリカの言語学者〕は正しいに違いないと思うのです。彼は、言語は私たちの精神に書き込まれるものだと述べています。子どもが言語を修得する驚異的な過程を見れば、それが少しずつ、文章ごとになされるのではないということが分かります。言語的な能力を横に置くとしても、私たちはみな言語との関係性を持っています。そして第一言語との関係性は、必然的に人それぞれに独自のものです。私には、ウラジーミル・ナボコフが『ロリータ』の付記「『ロリータ』と題する書物について」で記しているロシア語への思いが、もっとも感動的に思えます。

そこで彼が喚起しているのは、〔彼の第一言語であった〕ロシア語の心地よい響きや音調だけでなく、私たちの内側に存在する第一の言語の深さと完全性です。それを母語と呼ぶにせよ父祖の言葉と言うにせよ、最初に話す言葉は、もっとも深い関係性を最初に持つ言葉なのです。それは最初の緊密な関係を注ぎ込まれた言語で、それを私たちに手渡してくれた人の人格や、人生のはじめに出会うその人たちに対する印象や感情の鋭敏さと、その言語を語ってくれた人の言葉の響きを伴っています。初めて耳にした子守唄や歌のリズム、最初に出会った詩の調べ、そして日々の会話の抑揚で満たされた言語なのです。

それ以上に、第一言語には特別な特徴があります。声質、リズム、テンポ、語調です。言語が持つ、こういった副次的な側面——音楽的な側面とも言えるでしょう——が、詩の翻訳を難しくする要素です(ロバート・フロスト〔アメリカの詩人〕の言を借りると、翻訳で失われるのは、詩なのです)。それゆえに、バイリンガルの作家たちは、しばしばある特定の言葉については、原語で記します(ミラン・クンデラ〔チェコ出身の作家。国を追われ、フランスでフランス語で執筆活動を行っている〕が浮かびます。クンデラは、チェコ語の「litost」という、憐みと共感を含意する言葉を英語の単語に置き換えることができないので、註釈を付けてそのまま用いています)。

すぐれた政治学者であるベネディクト・アンダーソンは、『想像の共同体』〔白石さや・白石隆訳、NTT出版〕のなかで、より宗教的な時代には、聖なる言葉は「単純な表象の体系とは分離できない存在論的リアリティ」を持つと認識されていたと言っています。別の言い方をすれば、聖なる言葉は、リアリティと真実——特に神聖な真実——が直接的に具現化されたものと見なされていたのです。たとえばアラビア語は、コーランを書き記しうる唯一の言語で、聖典はほかの言語には翻訳できないものでした。現代でも、近代的な思考をしない人間は、彼らの言語が真実の言語だという感覚をいまだにもっていて、ほかの言語はすべて無意味か、人工的か、それともある種の戯《ざ》れ言《ごと》にしかすぎないとまで思っています。マキシーン・ホン・キングストンというアメリカ人作家は、『女性戦士』〔邦題『チャイナタウンの女武者』藤本和子訳、晶文社〕という本のなかで、中国人移民であった彼女の両親にとって、英語は存在しない言語、消去された、亡霊の言語だったと書いています。子どもにとっては第一言語は、聖的な雰囲気、直接的な天啓の力を持っているからかもしれません。私たちは第一言語を無自覚に学びながら、同時に世界についても学ぶので、第一言語の言葉はそれが指すものと同じように思ってしまいます。第一言語の言葉は、私たちと世界を直接表現しているように思うのです。

W・H・オーデン〔イギリスの詩人〕は、「作ること、知ること、判断すること」というエッセー〔オックスフォード大学詩学教授就任講演〕で、これを別の言葉で表現しています。

詩という媒体にひかれる精神の傾向は、ある誤解に端を発しているのではないか。たとえば、一人の乳母が子どもに向かって「見てごらんなさい！　お月さま！」と言ったとしよう。子どもは月を見る。それは、子どもにとって聖なる邂逅《かいこう》だ。彼の頭の中にある「月」という言葉は、聖なるものにつけられた名前ではなく、月のもっとも大切な属性の一つであり、それゆえに霊的なのです。

この唯一無二の絶対性こそ、ほかの言語では真似ることができないものです。後天的に学んだ言語は、神経学によると、第一言語とは異なる場所に入力されるのだそうです。さらにそれは、文字どおり――つまり生理学的に——第一言語のような深さを持たないものなのです。他方で、学習の様態も関係しています。それは私たちが自分たちのなかに言葉を取り込んでいく道筋です。私たちは第二言語を意識的・合理的に学びます。それは幻想を取り払われた、既製品として私たちの前に登場します。そして私たちは言葉が、神秘をおびた本質を伝えたり表現したりするものではなく、言葉が名付けた物の「代理」であることも知っています。紙の上の文字は記号でしかなくて、任意で、ほかの記号と交換可能なものなのです。もちろん、こういったことは、第一言語でも起こることです。私たちは、言葉は記号として何かを指し示すものであって、物そのものではないと認識するようになるからです。オーデンは、先の引用に続けてこのように言っています。「詩を書くという発想は、〔子どもには〕ないだろう。名前と物が同一ではないということを認識し、また人に理解可能な聖なる言葉は存在しないということを知って初めて、詩を書くという発想が生まれるからだ。しかし、言語と物が同一だと思いこむ誤りを先にしていなかったら、言語の社会的な機能を発見した子どもが、「名付け」という言葉の使い方がそれほど重要なものと思うかは疑わしい」。思うに、第一言語では、言語と物の同一化という誤認、あるいはそういう言語と物との魅惑的な関係がずっと継続するのかもしれません。なぜなら、私たちは散文的な言語の使用を行っているということを「いつも」自覚しているわけではないからです。

しかし、こういった啓示的な経験から、私は自己と言語の距離、間隙の感覚は、人によって異なる方法で経験されるということに気付くようになりました。たとえば、南米の作家であり劇作家でもあるアリエル・ドーフマン(『死と乙女』〔青井陽治訳、劇書房〕の著者)は、三歳のときに両親にアルゼンチンからニューヨークに連れてこられて、病気のために病院に何週間か置いていかれた経験を、最近の回想記に記しています。病院から戻ってきたとき、彼は頑として スペイン語を話そうとしませんでした。それは彼が青年期に至り、二つの言語と彼の関係がさらに変化するまでずっと変わりませんでした。彼にとっては、青天の霹靂《へきれき》のようなトラウマ的出来事の後で、第一言語が、自分が置き去りにされた経験と危険なものとの連想に強く結び付いてしまい、他方で第二言語は、自分をコントロールしたり救済したりするものになったのです。あるいは、すばらしく抒情的な自伝的小説、『フランスの遺言書』（星埜守之訳、水声社）を著したロシアの作家アンドレイ・マキーヌはどうでしょう。彼はソ連で育ちましたが、祖母からフランス語を学びました。彼にとって、この第二言語は、想像上の上品さや調和、美の領域への憧れに充たされていました。それは、日々のソ連での現実を解毒する領域だったのです。マキーヌはその後フランスに渡り、フランス文壇の当惑と驚きに反して、フランス語で書くようになりました。

＊

私にとって、言語は私が感じた喪失の客観的相関物になったと言えるでしょう。喪失は肉体の傷と同じように私の精神に傷として刻まれました。同時に、英語は輪郭のはっきりしない願望の対象でもあって、私が取り替えたいと思うあらゆるものの暗喩《メタファー》、新しい世界に私を引き入れてくれるものの象徴だったのです。私はそれを、自分の外部にある、巨大であらゆるものを内包するもの――強くて何があってもびくともしないもの――のように感じていたのだと思います。私は英語を何とか自分の内側に取り込みたいと願いました。英語はまた、あらゆるものを私の内部に招き入れる――あるいはそれに抵抗する――媒介物でもありました。いずれにせよ、英語の世界で生きていくのなら、英語を完全に自分の中に息付かせねばならないと思いました。

言語について思っていたことは、文化についても同じでした。最初、居場所がないというように感じていた過酷な時期が私にもたらしたものは、人間はいかに文化的な生き物であるかという感覚でした。そして文化の母胎から抜け落ちるということは、全体から外れてしまうという大きな危険を冒すことになると気付いたのです。ここで「文化」という言葉を私は広い意味で使っていますが、それは世界というものの輪郭と形を私たちに見せてくれるような、象徴的な意味の体系としての「文化」です。カルチャーショックのもっとも表面的なものは、私の家族にとっては、社会的地位の痛ましいまでの変化でした。社会的地位が一挙に低下したと同時に、私たちは突然困窮状態に陥ったのです。それに加えて、困窮はそれまでとは異なる意味を持っていました。戦後のポーランドでは、広くみんなが困窮生活を経験しており、そういった意味では不名誉なことではありませんでした。ポーランド人社会に、社会的な階層や疎外がなかったということではありませんが、他方、北米では、ピューリタン的な倫理の伝統が残っていて、貧困は精神的な弱さ、あるいは道徳的な堕落の徴と見なされ、しばしば大きな恥や罪の意識を伴うものでした。こういった社会的な地位の変化に加えて、家族関係にも微妙な変化が見られました。それはしばしば移民の家族に起こる変化で、親が社会生活に適合できなくなったために、子どもに周囲の世界と親の間をとりもつ仲介的な役割が課されたことによって起こった変化でした。

私もまた、なじみのないさまざまな思春期の出来事——ジェンダーに関わる相違だけでなく、デートや異性との交際、同級生との関係などにおける異なる作法——に遭遇して混乱していました。さらに微妙な違いに気づくようになるまで、しばらく時間がかかりました。もっとも微細な知覚や感覚にまで、意識下の文化的な前提の体系が影響を与えていたのです。美しいものと醜いもの、人間関係における望ましい距離感、快楽と苦痛の感覚など、そういったものが、無意識に文化に影響されていたのです。移民はみな、自ずと文化人類学者になります。そのような微妙なニュアンスの違いや微細な文化的な様態の差異を観察し、あるいはより正確に言えば、感じ取ろうとします。微細なことでも、重要でないわけではないのです。その差異は、社会的なあるいは表現に関わる様態にまで発展する可能性があるだけではなく、私たち自身の内面世界の深化や、そこに与える意味にまで関わってくるものだと思います。それを、ミシェル・フーコーは「自己の実践」と呼びました。

＊

文化的変位を経験する初期段階において、私は東ヨーロッパとアメリカとで心理的な特徴に対する判断の違いにまず衝撃を受け、混乱しました。たとえば、ポーランド人もアメリカ人も、つつましさと押しの強さという概念を持っています。しかしそれに対する価値判断は違っていて、それぞれの道徳的・心理学的基準から、異なる位置付けをしていました。アメリカでは自己主張がはっきりしていることは良いこととして見なされていたのに対して、ポーランドでは悪いものでした。しかし同時に、一方では単純に積極的と見なされる表現が、他方では、ひじょうに攻撃的なものとして受け取られるかもしれません。他方、ポーランドの文化は、ある種の憂愁や抒情的な寂しさに対する寛容さ、あるいは嗜好を持っていました。それは、アメリカでは、到底理解されるものではなかったと思います。また、アメリカ人が明るい陽気さを好むことは、ポーランド人にとっては、しばしば困惑以外の何ものでもありませんでした。こういったことが、文化の違いをもたらす重要な要素に思えます。それぞれの国民がどのような性質を長所と考えるかだけでなく、その価値判断にあたってどこに基準をおき、何を標準とするかが、異なっているのです。

こういった差異を誇張するつもりは毛頭ありません。このことを最初に考えてみたとき、私の考え方が偏狭過ぎるのではないかと、自分のなかで行ったり来たりしました。明らかに私は、こういった文化的差異が私の新しい生活のなかでの違和感や疎外感に一定程度は影響を与えているという観点に立っていました。同時に、このようにものごとを文化的差異と関連付けて考えることは、ときとして知覚そのものを先鋭化させます。ある種の文化的なパターン化は、人間の深いところにまで作用する、その影響力を甘く見てはいけないと思うのです。世界がよりグローバル化していくにつれて、現在の差異は無効になっていくかもしれません。文化の歴史的違いが及ぼす力もまた、弱まっていくかもしれません。でも、それはまだはっきりとは現れてはいません。同時に私が思うのは、表面的な類似性に惑わされてはいけないということです。同じに見えることが、内面世界では明らかな矛盾を呈したり、異なる期待を招いているかもしれないと思うのです。いずれにせよ、文化に取り込まれていく過程は、私たちが生後最初に接する人たちを介して、人生のごく初期の段階に始まります。そして、具体的な言葉だけでなく、態度や身振り、表情――怒りや寂しさの許容範囲、親の応答の率直さあるいは抑制など――から伝わってくるメッセージを通して、文化に接触していくのです。

文化的な内的時間の感覚というようなものがあるように思います。それは、世界のなかで移動していくときの速度、そして自分の内面に向かう過程にも存在していると思います。それはまた、幼児期に経験する微妙な動きを通して、伝えられるものではないでしょうか。

こういったものすべてが、ある種の自己の音楽に加わってくるのです。最初の喪失と混乱期のなかで、私は周りのさまざまな人間の音楽に自分が調和していないと感じていました。ちょうど英語の音楽が聞こえてこないのと同じように。周りの人びとがみな私にとってなじみのない他者であったのと同様、私も彼らにとっては異質な部外者でした。

私にとって、書くことは、まさにこの究極の裂け目と喪失から生まれているのだと思います。それは多くの他者にとっても同じだったと思います。

私にとって、ポーランドと私のポーランド語の自己は、しばらくの間、新たに獲得された言語とは隔絶されたまま、内面に留まっていました。新たな世界で生きていくために、見せかけの自分を創り上げていたという人もいるかもしれません。しかし、そうではなかったのです。たしかに私はある時期、まったく相異なる二つの自己を抱えて生きていましたが、その状態は、たとえば善と悪というような二極に引き裂かれるようなものではなく、むしろ価値観や、こうありたいと思う自己像、自我のありようなどが二つ別々に存在しているのを自分の内的世界に抱え込んでいたのだと言えるでしょう。

変化の過程を的確に表現するのは、きわめて難しいものです。それは捉えどころがないような経験だったからです。私は文化を横断する生の経験、あるいは自己翻訳の過程を書き記すことが、ひじょうに困難であることに気づきました。その理由のいくばくかは、過去との継続性が断ち切られた経験が、あらゆる変化への反応を妨げるということにあります。文化の横断は、私が成熟に向かう経験となりました。そこでの困難は、もし移民体験がなかったら、さまざまな変化が自分にどこまで起こったか、分からないことにありました。移民体験がなければ、私はどのように変わっていっただろうか、あるいは、どんな自分を創り上げたいと思っただろうかと。私はしばらくの間、おそらくこうだったのではないかと思うことを、それが変わっていく過程も含めて、言葉で書いていきました。そうして、そうであったかもしれない私が変わっていく過程を、言葉で追っていったのです。可能性とともに、無念さも込めて。そのような仮定法の物語から目をそらすことは、自分を裏切ることになるのだと感じていました。

同時に、自分の変化に対する心理的抵抗は、ある種の社会学的・イデオロギー的要因から、強まっていきました。私がその後アメリカに渡ったのは、ちょうどアメリカ自体が大きな変化の渦中にあるときでした。それでも当時、アメリカは一枚岩のゆるぎない自信を持ち、権力を持つ強い国家であるというだけでなく、自らが進歩と善と人類の理想を体現しているという信念を持っていました。移住に関するイデオロギーは、依然として明らかに同化を意味していました。それを表す有名な暗喩《メタファー》は、多種多様なものの「るつぼ」という表現でした。そこには、移民してきた人間たちは、当然そのるつぼのなかで融けていくことを願ってやまないだろうという前提がありました。過去を忘れて、新たにアメリカが与えてくれるすべてを喜んで感謝して受け入れるべきだという前提です。別の表現で言えば、差異に対する想像は、アメリカの文化のなかで育まれることなく、発達もしませんでした。こういったことはすべて、同化が強い植民地的な意味合いをもって推進されていたことを示していると思います。いわば、私の最初の自己は、強い力によって価値が低いものとして抑圧されたのでした。

私はそのようななかで、強烈な抵抗を感じていました。それは、軽視された私の過去を守りたいという意識の現れでした。しかし、それは同時に、自分が急速にアメリカに同化してしまったら、自分が人工的に創り上げられた人間になってしまうのではないかという思いでもありました。本当に必要な変化であれば、過去と現在の対話から導かれるものなのではないかと思ったのです。そしてまた、緩慢な変化こそが重要だと思いました。私は促成栽培の「アメリカ人」にはなりたくなかったのです。もし本当の新たな文法と自己の音楽を身につけるのであれば、文学の翻訳のように、私が自分の中に取り込もうとするものと慎重に向き合い、私に影響を持つ二つの言語の間隙を埋めるために、時間が必要だと思ったのです。それはある部分では、友人、先生、親しい家族との対話を通して起こりました。その対話を通して、相互に共感や同情する努力が生まれました。こういった自己翻訳はまた、新たな感覚や知覚が、過去のものとぶつかったときに、内面の対話をも引き出したのです。内面で、二つの文化が邂逅しました。そうしているうちに、ある時点で、対話は自己分裂的というよりもむしろ宥和的なものになりました。またある時点で、その対話はおもに英語によって行われるようになりました。徐々に、英語が私の精神構造のなかに浸潤していき、ついに自ずと内側から湧き出てくるようになったのです。少しずつ、私には英語の詩が聞こえるようになっていきました。日常の言語と、その詩の両方が。

もちろん、そのような旅は、とても豊かなものでした。おそらく作家にとっては文化が変容するという地殻変動から得るものは特に大きなものです。身近だったあらゆるものの枠組みが取り払われるということは、それまでとは違った新しい方法でものを見るということです。そして、そのような経験なくしてはおそらく問われることもなかったであろう問いかけを、意識に立ちあがらせるのです。自分の世界を斜めから見る視点に立つことが可能になって、そこから新たな視界が拓けてきます。作家にとって、この利点は、形式上の大きな収穫でした。距離を通して見る視座は、思考と創造性に弾みを与えます。多くの芸術家たちが精力的に旅をし、祖国を離れた場所に自分を置こうとする理由は、そこにあるのかもしれません。ジェイムズ・ジョイスは、「沈黙、エグザイル、そして狡知《こうち》」をモットーにしましたし、サミュエル・ベケットは、フランス語で書くと決意したのです——まさに、慣れ親しんだものから遠ざかる異景化《ディ・ファミリアライゼーション》のために。そして、作家でない人間にも、祖国から離れた故国喪失《エグザイル》の視座は、大きな喜びをもたらしてくれます——より研ぎ澄まされた知覚、皮肉を込めた距離、批判的な懐疑主義というような。文化を横断する旅の途上で、成長と拡がりももたらされます。未知の世界を理解しようとする試みが、新たなものへの抵抗とせめぎあいながら続きます。そこには、想像力を働かせ、他者の主観的な世界や別の文化や言語の主体のなかに分け入っていこうとする好奇心や、知りたいという欲求が働きます。言葉を換えれば、それは、とても積極的な愛の行為をふくんでいるのです。まさに、二〇世紀のヨーロッパの文学は、祖国喪失《エグザイル》の文学、祖国喪失《エグザイル》を通して向き合う二つの文化をめぐる文学だったと言えるでしょう。チュスワフ・ミウォシュ〔ポーランド生まれの詩人・小説家。フランスに亡命後、アメリカに移住〕あるいはエリアス・カネッティ〔ブルガリア生まれの作家・思想家。イギリスに亡命〕、ウラジーミル・ナボコフらの、東ヨーロッパの祖国喪失《エグザイル》の作家たちがいます。ドイツ人の作家で言うと、トーマス・マンやハンナ・アーレント、そしてさらに現代では英語文学のなかに、実に広汎なディアスポラの文学が誕生しています。それはまた、「帝国に向かって書くことで逆襲する」現象でもあるでしょう。

*

先ほど述べたように、私の家族の移民体験は、ある特別な歴史的文脈のもとで起こりました。それ以来、そして特に過去二〇年の間に、祖国喪失という概念や文化横断的移動という概念そのものを揺るがすような大きな変化が起こってきました。鉄のカーテンが開き、ベルリンの壁が崩壊し、国境が開かれて、東と西の差異がなくなってきています。二〇年以上前に比べ、私たちはたえず移動し、遊牧民的でさまざまなものが混ざり合った世界に生きています。半永久的な移住を考えているときでさえ、また戻って来られるということも、友人が訪ねて来てくれることも、また現代の旅行やコミュニケーションのあらゆる手段を活用できることも、みんな知っています。こういった状況を見れば、国を離れるということは、もはやほとんど劇的な、トラウマ的な経験ではなくなってきたといえるでしょう。同時に、場所の喪失という概念に修正を迫る現代の理論も生まれています。それは、祖国を失った経験に伴う多くの要素――不確かさ、居場所がないという感覚、周縁性、中心を失ったアイデンティティなど――を特権的なものとする議論だと言えるでしょう。知的な言説では、放浪生活やディアスポラという言葉は、ひとつの流行語になっています。そこで、私は立ち止まってしまうのです。そこでは根を奪われてしまうことや、文化を渡ること――自ら望んだのではなく、自分自身を文化の間や境界線に位置付けなければならない過程をふくめて――がもたらした犠牲が、あまりにも軽々しく考えられてはいないだろうかと思うからです。そうした移動は、自己形成に大きな変化をもたらすものでした。

私には、ある種の脱構築《ディコンストラクション》を人生の中で行う過程がふくまれていたように思います。逆説的にそこで学んだことは、自分が構築されることの重要性にありました。そして偶然にも、その領域こそ、精神分析が重要で意味のあることを現代の理論、そして現代社会に呈示する場所なのだということに気付いたのです。精神分析学は、現代が抱える断片化や脱中心化の現象を説明しています。また同時に、そのような現状は決して望ましいことではなく、現実的な苦痛を孕《はら》んでいることを理解しています。

また、こうも言えるでしょう。世界がより移動というものを抱え込む場所になれば、人間の人格もまた、移動的になるのではないかということです。特定の場所や伝統、あるいは家族に根を下ろすことがなくなるだけでなく、より柔軟で流動的なものになっていくのではないかと。文化を形成する力も弱まり、私が述べたような緊張感は、奇異に映るようになるかもしれません。それでも、私は、そのような新しい状況の中にも、喪失はあるのではないかと思うのです。簡単に世界を旅してさまざまな場所や文化を渡り歩いていく現代でも、私たちはミラン・クンデラが「存在の耐えられない軽さ」と呼んだもの、場所や構造に錨《いかり》を下ろさない人間たちや、たえず新しい瞬間と感覚を経験しながら、どこにも留まることなく移動を続けるドン・ジュアン〔モリエールの戯曲『ドン・ジュアン』の登場人物〕のような人間たちに到来する病、その危険があるのではないかと思うのです。二極化された世界の緊張の重要性について、私は言いたいのです。それというのも、その緊張は、最初に自分が深く関わっていたものこそが、後に別のものへの関係性を構築するときの源に、そして世界を世界として知りたいと願う気持ちの底にある――それをある場所から別の場所にうまく携えていければの話ですが――と思うからです。そして、作家の仕事は、自分たちの経験を通して、私たちの居場所である世界を、問題や矛盾のあるありのままのものとして理解することだと思うのです。そして、あらゆる多様性と、そしてときとして普遍性のなかで、人間と文化が立ち現れてくる道筋に、形を与えることだと思っています。

2 今日の自由を考える

——その前途、不満、そして意味

自由という、あまりにも大きな命題について、人類は過去何世紀にもわたって考え続け、理論化を試みてきました。自由という概念について、今日、何か新しく言うべきことはあるのでしょうか。

特に過去二世紀について言えば、自由は倫理と政治に関わる支配的な観念でした。自由は革命やナショナリズムの闘争を支える抽象概念であり、また、芸術家や哲学者、一般の人びとのあくなき熱情と意味が注ぎ込まれる観念でした。しかし、現実における自由の経験は決して一元的なものではなく、時や場所によって同一ではありえません。とくに現代社会における自由は、これまでの歴史にはないような、興味深い違いを見せています。

歴史のなかで多くの場合、自由への闘争は抑圧や専制からの解放を求めるものでした。アイザイア・バーリン〔イギリスの政治哲学者〕の古典的な区別によると、それは何か「からの自由」——絶対君主制や独裁、全体主義、宗教による抑圧、官僚主義の束縛などからの自由——だと定義されてきました。このような前提に対して、異議を唱えたのがイマヌエル・カントからヴォルテール、マックス・ウェーバーからハンナ・アーレントに至る思想家たちでした。彼らは自由を、基本的で普遍的な欲求だと考えました。それに対し、いまや世界のほとんどの場所で、自由は所与のものだと認識されるようになっています。自由という概念の定義も、そして現実に自由をどう生きるかということも、この前提を出発点にしています。ヴォルテールやベートーベンが、あるいは一九世紀の国家主義の指導者たちが希求した自由は――少なくとも先進諸国においては――かなりのところまで達成されたと言えるでしょう。自由は、政治的・社会的な規範として広く認識されています。いまや、どの国の政府も、自由が自明の善だと宣言することなくして、倫理的信頼を得ることはできません。

さらに、現代の民主的な多文化社会で享受されている個人の自由は、おそらく歴史上のどの時代よりも、広い範囲にわたっています。過去のどんな国家にしても政治的・社会的集団にしても、現代の多文化社会ほど構成員の献身を求めず、また、倫理的な指針や行動のガイドラインを押しつけなかったものはありません。法的な枠組みのなかにある限りは、道徳から行動様式、性の問題や家族形態、アイデンティティに至るまで、人生のすべての段階において、私たちは自分が好むものを選択する自由と、行動する自由が与えられています。ポストモダンの民主主義社会は、存在論的な命令を突き付けたりしませんし、寛容であること以外には共通の価値観を求めたりもしません。寛容は、社会的共存のために必要なものですが、それは、道徳的な姿勢や、何が善であるかについて中立的で複層的な視点を示すものであり、倫理的な問題に踏み込むものではありません。

まさに、こうした状況で、自由の本質と経験をめぐる新しい問いがもたらされています。解放への欲求はしばしば深くたしかな情熱を呼び起こすのに対し、自由が前提となった状況で生きることは決して簡単なことではないこと、また誰にとっても等しく主体的にかつ明らかに望ましいものとして経験されるわけではないことが分かってきたのです。一九九〇年から翌年にかけて東ヨーロッパを旅行した私は、ソ連による支配が東ヨーロッパのあらゆる地域で崩壊して民主化されていくのを見ました。そのなかで、このことをひじょうに明確に感じました。自由への願望は、東ヨーロッパの長い伝統の一部でした。冷戦期には、社会主義政権下にあった人びとにとって、自由は抽象的な理想であっただけでなく、現実的な強い願望でもあったのです。自由がない状況は、日常的に、リアリティを伴う恐ろしい欠乏でした。戦後何十年かの間、経済活動は東ヨーロッパではほぼ停止状態、あるいは後退状態でした。政治的には、国家の機能は麻痺状態で、不正に対する抗議もできませんでした。人びとは、恐れと欲求不満に押し潰されるような人生を送っていました。海外への旅行や移住が厳しく制限され、自由が剥奪されているという感覚が蔓延していました。

それでも、特に政治的に意識が高く、あえて反体制派に身を置いていた人たち――たとえばポーランドでは、そういった人間も多くいました――にとっては、不幸な状況下にあっても心理的な満足は別のところにありました。状況を判断する倫理的な物差しは明確でしたし、正しいことと間違っていることの線引きもはっきりしていました。人や物事が、どちらの側に属しているのか、明確に分かりました。「彼ら」と「私たち」の境界がはっきりしていたのです。いかんともしがたい不正もありましたが、それゆえに正義という堅固な理念が照らし出されました。おおっぴらな国家の嘘もありました。それゆえに真実に対する明確な感覚も生まれました。異議を唱える行動派の人びとは、厳しい試練を経験しなくてはなりませんでした。投獄、出版の自由の剝奪、いやがらせや迫害は日常茶飯事でした。しかし、当時の人間が共有していたあらゆる欠之のなかで、彼らは一つの偉大な、そして実質を伴った善を手放しませんでした。道徳的な明晰さです。それは自分たちは歴史の正しい側にいるのだという信念、誰が敵なのか、誰が闘うべき相手なのかをしっかりと見据えているという意識によって生じたものでした。

「社会主義圏」からの突然の解放は、大きな高揚をもたらしました。それはベートーベンの「フィデリオ」や「歓喜の歌」(「歓喜の歌」のもとのタイトルは「自由賛歌」ですが、皮肉なことに、挑発的で危険だと思われて変更されました)に歌われた瞬間でした。ソ連の支配からの自由は、一九八九年以降の社会に疑いなく大きな利益をもたらしました——多くの人が物質面での改善を享受し、職業選択や移動の自由がもたらされ、芸術表現の可能性が拡がり、自由な旅行と世界との直接的な接触が現実のものとなったのです。一九八九年以前のポーランドの反体制派のリーダーであり、八九年以降は知識人の代表的存在となったアダム・ミフニクがその著作やさまざまな場所で述べているように、ポーランドは、ともかくも「ふつうの国」になるという目的の大部分を達成したと言えるでしょう。しかし、彼はさらなる懸念を表明しています。もしポーランドが非常に多くのものを獲得したのだとしたら——一九八九年の急激な変化の時代に想像していたものよりもずっと多くのものを——なぜ、いまだにこれほど多くの市民たちが充たされない思いを抱いたまま、失望と不満を感じているのだろうか、と。彼は多くの理由を挙げていますが、そのなかには、ある種の理想的な夢が世俗的な現実にすり替わってしまったことも含まれています。さらに、自由が当然のものとなり、日常の形をとったときには、もはや輝きを失い、自由に伴う困難が露呈するのだとも。

そういった困難がどういうものであるのか、ビロード革命〔共産党独裁政権の交替と民主化へとつながるチェコスロバキアの政変〕をはじめとする体制転換を経験した後の東ヨーロッパの国々を一九九〇年から翌年にかけて旅した際に、私が話をした多くの人たちが口々に語っていました。以下は、ブルガリアの知識人ダヴィド・アンセンが、「以前」と、一九九一年時点での「現在」の違いを語っている言葉です(拙著『歴史への出口』(*Exit into History*)一九九三年)。

現在の方が状況はひどくなった。……いまや、現実の問題として選択が必要だ。かつては、英雄になるか犠牲者になるかの選択さえなかった。……かつて、書いたものが原因で大きなトラブルに巻き込まれた男がいた。彼はしばらくの間、英雄だった。しかしその後、彼は党に呼び戻され、出世した。そしてだんだん恐ろしい人間になっていった。

だが、それはどうすることもできなかった。全体主義はすべてに及ぶ。だからこそ、全体主義なのだ。それを内側から突き崩す方法はない。だからそれを受け入れて生きるしかない。

しかし、今では、個人の決定と性向ですべてが決まる。娘を外国の学校に行かせることも可能になった。旧ソ連共産党の人間を解雇して、安全だが能力は劣る人間を雇うべきかという問題に悩んだりする。まさに選択の自由があるのだ。

これは、全体主義、あるいは抑圧から自由への移行の、人間的な要素です。たえまない個人の選択の可能性と、そして逆説的な必然としての選択です。新たな社会では、選択と決定の必要は、すべての経験の領域、つまり平凡で具体的なこと(一つひとつの買い物や、ファッションの選択など)から、重要で、大きく結果を左右する選択(どの大学で学ぶのか、どの政党に投票するのかなど)、さらに、もっとも基本的で存在論的なところにまで及びます。それは、どこに人生における根本的な目的と意義が見出せるのか、人生をどう方向付けるのか、良き人となるにはどうすればよいのか、あるいは人間としてどう生きるのか、という選択にまでつながっていきます。

しかし、すべてが自由になり選択が日常化する状況では、選択は何を根拠にして行えばよいのでしょうか。判断基準となる物差しも制限もない世界で、私たちはどのように自分たちを方向付けてゆけばよいのでしょう。すべてが許容されるとするなら、善悪や正偽、誠実・不誠実の違いをどこで区別すればよいのでしょう。

＊

おそらく、自由がもたらす問題を理解するためには、私たちはもっと基本的な問題、私たちの自由の原則をめぐる経験についての問題を考える必要があるでしょう。主体として自由であると感じるのはどういうことでしょう。そして個人の次元において、どのようにすれば自由の感覚に到達することができるのでしょうか。

J＝J・ルソーは、「人間は生まれながらにして自由である。しかし、いずこにあっても鎖につながれている」『社会契約論』と、決然と挑発的に言い放ちました。それから二世紀半経った現在、この主張はもはや疑問の余地なしに支持されるものではなくなっています。「人間の本性」をめぐる二〇世紀の思想と考察の多くは、そして、私たちの本質をめぐる新しい発見は、自明のように広く是認されてきた自由に関する政治的なエートスとスローガンとともに、ルソーの断言を覆しました。あるいは少なくとも、問題を複雑化したのは確かです。二〇世紀の思想と科学の視点から見ると、私たちは従属的で奴隷のような立場に生まれおち、そこから徐々に後天的に、そしてまた普遍的ではない形で、自由の感覚を獲得するということになるでしょう。

おそらく、問題が複雑になってしまった主要な原因は、精神分析にあるのではないかと思います。精神分析は、人間の主観性について体系的に考察し、個人化と発達の過程を精査する学問分野です。精神分析の独創的な洞察の一つは、主体はおよそ先天的に確立しているようなものではなく、後天的に構築されるものであると指摘していること、さらに、堅固な主体は確固たる精神構造があるかないかによって決まると説明付けていることです。赤ちゃんは、他者への全面的な依存の状態で誕生します。そして精神の初期の発達は、親との関係性や、無意識の闘いや葛藤によって方向付けられると言われています。さらに精神分析の見地からの示唆は、このような初期段階の親からの分離や、精神構造の発達は、徐々にしか起こらないということ、さらにそれはしばしば多くの困難を伴うということです。発達の過程におけるこのような問題は、神経症や、その他の精神障がいの症状で顕著に現れます。こういった病を抱える人たちの内面には、幼少期の抑圧の経験がいまだ無意識のまま同じように潜在しています。「ヒステリー患者の大部分は、記憶の病である」というフロイトの有名な言葉が示すとおりです。彼は、ヒステリーの徴候(機能的な原因によらない失明、麻痺、言語障がいなど)は、実際には抑圧された記憶の表現であるということを示唆したのです。

記憶の病からくるこうした苦痛は鋭く、とてもやっかいになる可能性があります。神経症の患者が、別のありようを望んでいたとしても──不安を取り除きたい、抑鬱状態から逃れたい、もっと幸福になりたい、もっと自由になりたいと──、抑圧された過去が彼らを捉えて離さないのです。そこで絶え間ない葛藤と苦しみが起こります。これは、自己が牢獄に囚われている状態です。その牢獄は、もっとも拘束力が強い牢獄で、しかも堅固で壊すことがきわめて困難なものです。無意識の過去は人を呪縛し、現実の内面の自由――自分自身であることの喜びや、自身が主体として行動しているという実感――を感じることを不可能にしてしまうのです。

病理学は、正常な状態とは何かということの手がかりを与えてくれます。フロイトが先駆的に透視したことは、どんなに望ましい環境を与えられていても、堅固で十全な自己発達には複雑な内面の過程があるということです。その過程には、強く内面化された精神構造(フロイトの見解によれば、イド、エゴ(自我)、スーパーエゴ(超自我)という概念――それは後にかなり修正され、練り上げられるのですが)が、徐々に形成されることが必要なのだそうです。さらに、精神分析学のパラダイムにおける、もっとも望ましい成長とは、あらゆる絆からの解放を達成することでも観念的な自己充足をすることでもなく、むしろ初期段階の依存的な関係性に代わるような、より自律的で選択的な他者との関係性を構築する能力を発達させることにあります。また、無意識の衝動や空想の代わりに、自身の経験に意識的な解釈ができるようになることも成長の証とされます。このモデルに従えば、もっとも健常な精神においても、完全な自由は決して可能ではないし、また、望ましいものでもありません。私たちは自身の内面化された過去に深く根ざした存在であり、その一方で他者とのつながりを欲しています。しかし、そのどちらも、完全な決定論ではありません。精神分析的実践の目的は、無意識の過去を白日のもとに引き出し、合理的な考察を行い、患者を絶対的と思われた拘束状態から解放することです。つまり、患者に内側から動機付けられ、その人の現実的な価値や興味、欲求に基づいた選択や決定をさせることです。

構築による制限という観念は、いわば、二〇世紀を通して人間の本性を考える上で支配的なものでした。

それは、たとえば、構造主義や、多くの社会学の理論、そしてもちろん脱構築《ディコンストラクション》とよばれる理論の領域で暗黙裡の前提でした。この理論の基本的な前提は、私たちの知覚、思考、あるいはもっとも原初的な芸術作品に至るまで、それらはみな必然的に、それまでの枠組みあるいは構造――言語や文化、さらに特定の伝統など――のなかで構築されるというものです。私たちは、このような象徴的な意味のマトリックスを越えて思考したり行動したり、あるいは新たなものを構築することはできないとされます。言語学者によれば完全に私的な言語は存在せず、脱構築《ディコンストラクション》理論によれば完全に私的な考えや思想はないとされます。芸術家――内面の自由という領域では現在考えうるもっとも特権的な存在――でさえも、厳密には自律的ではないのです。それぞれの創造力や新たなものを創出する力は、それまでの修辞学の蓄積、言語学的な働き、そして美術の決まりごとなくしては成り立ちません。もっとも革新的なテクストさえも、すでに書かれたものの上に存在しています。私たちは、自己の制約を離れることができないのと同じように、文化を飛び越えることはできません。

こういった支配的な言説の数々に加えて、個人の自由や運命に関する思考は、別の強力な研究領域に深い影響を受けはじめています。いまだ新しい学問領域である遺伝学と神経生物学です。遺伝学における人間のアイデンティティについての知識は、現在はまだ、確実で完全なものとは言えません。しかし、たしかなのは、私たちが人間の本質を理解しようとするときに、遺伝学は基本的に決定論的な要素をそこに招き入れるということです。たとえば遺伝子は人間の生理学的な特徴を決定するだけでなく、特定の病気には特定の遺伝子が関わっていることも分かってきました。あるいは、種々の民族集団は、それぞれ特定の遺伝子素因を共有しており、それにより共通の生理学的な傾向を持っていると言われています。気質や能力、精神的な性質になると、話はもう少し複雑です。強情な遺伝学者でさえ、環境や栄養状態、あるいは単に経験が、個人の発達や人格に影響を与えることを否定しないでしょう。さらに興味深く重要なのは、脳の構造と順応性の結び付きが、神経学や脳にとっては必要であり実質的だということです。この驚くべき仕組みは、それぞれの人間において、ニューロンとそれをつなぐ経路のネットワーク――それはもともと暫定的で適応力があり、徐々にしか、安定した形態に「セットされる」ことはないものです――から動き始めます。いったん脳が基本的な構造を獲得すると、外界からのあらゆる刺激――それは個々人の現実的な経験です――がそこに加わり、神経系の形を変化させ、また同時に脳の構造も変化させられていきます。個々の人間の脳は、それぞれに応じた神経と経路の高度なネットワークを創り上げ、そのなかに人間の記憶や主観的なパターンが入力されていくのです。そのようにして、脳は――あるいは私たちの内部にある何かが――内的な自己解釈の能力を発達させていきます。それが、神経学的に見た場合の創造性や自由に匹敵するものかもしれません。しかし、この神経学的な構造が失われるということは、私たちの全体性や正常な状態にとっては危険なこととなります。事故であれ加齢であれ、何かしらの要因で脳のある部分やその連携が損傷を受けると、記憶が失われたり精神活動ができなくなったりするのです(アルツハイマー病の症状や、強度の知覚障がいに見られる症状です)。相応の柔軟性や主体性を発揮するためには、精神のなかだけでなく脳の内部にも、堅固でしっかりした構造が必要とされるのです。

＊

このような議論は、社会的・政治的な次元での自由の問題には、一見関係がないように見えるかもしれません。しかし、人間心理の詳細な研究や生物学などの自然科学から得られた知識は、私たちが集団的アイデンティティについて考えるときに重要な示唆を与えてくれると思います。そして、個人の裁量に委ねられた自由が、なぜ多くの人にとって重荷であり、脅威だと感じられるのかを理解する助けになると思うのです。自由は、道徳的目的として望ましいものかもしれませんが、人間の自己に本質的に備わっている所与のものではないのです。人は自由に空中に飛び立っていけるような能力をもともと与えられてこの世に生まれおちるわけではありません。むしろ、自律的な精神を主体的に形成し、それを学びとっていくことが必要なのです。自由を行使するためには、技術と実践が必要です。強力な集団への忠誠あるいは家族的なぬくもりを重視して、周囲との相互依存関係のもとに、周りに面倒を見てもらいながら自身も他者に献身する生き方と、他方、「自身の人生を生きる」生き方のどちらを選ぶかという選択肢を与えられたとき、ほとんどの人間は前者を選ぶのではないでしょうか。特に自己決定権という理念とは無縁で生きてきたのだったら、自由の約束は空虚で未知のものでしかないかもしれません（個人的レベルだけでなく文化のレベルにおいても、個人として運命を受容したりそれに従うことを充足と捉える文化もあります。ドストエフスキーの登場人物の何人かを見てみると、あるいはミラン・クンデラの『存在の耐えられない軽さ』〔千野栄一訳、集英社〕で言及される「重さ」と「軽さ」の相違を見てみると分かるでしょう）。さらに、主体的な自由の経験は、ある種の制限なくしてはありえません。何かしらの活動を行おうとすると、あらゆる段階で、私たちは構造を必要とします。その時もし私たちの内部の構造が十分に堅固でないと、初期段階の依存や共生といった状態に回帰しようとする願望はより強くなるでしょう。

社会的・政治的な次元において、自由からの逃走は、自由への原動力と同じくらい強い衝動を示しています。このことは、歴史のいくつかの場面で、なぜ権威主義的な政権が多くの支持者を得てきたかの説明にもなるでしょう。再びフロイトを引くと、彼は、二つの世界大戦の間に書いた著作のなかで、群衆が自らを強力な指導者と同一視し、すすんでカリスマ的権力者に服従した群集現象について述べています。この種の服従は、集団に個性を埋没させ、卑小で不安定な自己を、理想化・強大化された権威的な人物に同化させることで退行的な快楽をもたらすのです。集団に同化するという傾向は、歴史的に困難な時代に顕著に見られます。不服や欲求不満を持っていたり混乱状態にある大衆は、集団的な熱狂に流されやすく、個人の判断や思考を、不安や危機感を和らげてくれる誰か、もしくは何かに託しがちです。

今日の世界では、個人の自由という不安から逃れたいという衝動が、さまざまな現象に見られます。なかでも顕著なのが、イスラム原理主義のような宗教原理主義の台頭です。宗教は、理論的な体系と意味の構造です。われわれのもっとも古い哲学であり、世界の本質を理解して、そのなかに人間を位置付けようとする人類の原初的な試みでもあります。しかし、信仰の体系は、同時に生活の規則でもあります。そして特に一神教の宗教は、人生の重要な局面での行動や経験において、個人の判断という重荷を取り去るものでもありました。宗教を信じることで、善悪の判断を絶えず迫られることもありませんでした。宗教は、しばしば道徳的な専制、つまり個人の自由を制限する抑圧の体系でもあると考えられます。しかし、倫理と行動の指針を示すという点で、宗教は多くの人びとにとって自由を抑圧するものであるよりむしろ、自由に対する「解決策」なのです。

これがまさに今日、宗教が担っている役割だと思います。現在見られる正統主義への回帰は、過去の宗教の役割とは異なった現象だと思います。これは、現代世界の文脈で説明されるべきことでしょう。今日、大多数の人間にとって信仰は、中世やルネサンス時代、近世の頃のような、当然のものではなくなっています。啓蒙主義の時代あるいは一九世紀末まで、無神論は考えられないものでした。無神論は危険で人を惑わせる哲学だと思われていました。しかし現在、私たちは世俗主義のもとに生きています。今は宗教を持つということは、世の趨勢に逆らって、また、宗教には迎合しないという一般的な姿勢にあえて対抗して、積極的に選択するものになっています。このような意味において、原理主義の台頭は――それは、世俗的でポストモダン的な人間から見ると当惑を禁じえない現象です――、明らかにポストモダニティとの関連、あるいはそれへの反作用として理解されるべきでしょう。世俗的であることを自認する人間(私もその一人ですが)が、宗教を麻薬のようなものと考えたり、一種の迷信と考えて、それに陥っている人を合理主義や科学的な根拠をもって救い出さなくてはいけないと短絡するのは性急だと思います。宗教は、おそらく麻薬と迷信の両面を持っていますが、同時に、世俗社会では人間に与えることができない決定的な何かを宗教を求める多くの人間たち――その数はどんどん増えています――に提供しているのです。宗教が提供する何かというのは、要するに、安定した構造、信仰と道徳的な指針、そして象徴的な意味の構造だと思います。

民主主義と多文化というイデオロギー的な規範に基づいた現代社会では、こういった構造が失われつつあります。そのような社会では、どのような行為も、自由からの要請と命令から逃れることは不可能だと言えるでしょう。そして歴史的に見て大雑把に言えば、共通の意味が不在であるということは、急進的で、さらに極端ですらあります。これはまさに「すべてが可能で、何の方向性も示されていない、開放された」社会だと言えるでしょう。価値や忠誠や義務といった枠組みをすべて排除した「開放」状況を生み出しているのです。

開放性は、もちろん、寛容やある種の政治的快楽の目的に適うものです。市民は自由な選択を呈示され、食べ物の嗜好から価値観まで、あらゆるものの選択が可能です。しかし実証的には、その結果は目的とは異なるものになっています。もたらされたのは、無規範、疎外、社会の分裂や内的な葛藤です。構造の根源的な不在が引き起こすこのような状況に対して、精神分析はＢＰＤ（境界性パーソナリティ障がい＝Borderline Personality Disorder）という示唆的なモデルを提示しています。ＢＰＤは、もともと一九六〇年代に初めて症例が観察され、その後も増加傾向にある病気です。あまりに広く見られる症例なので、人によっては病理ではなく、文化的な形態だと言う人もいるくらいです。この病気は、内的な秩序が乱されて症状が引き起こされるのではなく、そもそも安定した内的構造を構築することができなかったことに起因します。内的構造を持てない患者の精神は、分裂し混沌とした状態にとどまっています。そして継続性や自己管理のための精神的な基盤なくしては、個別の経験や喜びなどの感覚や人生で遭遇するものの間の関連性や全体像を把握することができず、意味をもたらすことができないのです。ＢＰＤ患者はしばしば薬物やアルコールへの依存に陥ったり、今でいう買い物症候群を呈します。

この現代的な病いの深刻さは、たとえば過去の行動に対する罪の意識というような時代遅れの感覚や、自身の超自我が求める水準に自分が到達できないのではないかという不安から生じているのではありません。むしろ、ＢＰＤの不可解な苦痛は、さまざまな経験や感覚（それがそのときには快楽のように感じられたとしても）が、意味を伴う実感をもって個人の感覚に取り込まれないということなのです。現在進行形の関係性は継続されず、アイデンティティの感覚はずっと不確かで脆弱なままにとどまります。トーマス・フックスという精神分析の理論家によると、ＢＰＤ患者は極端な「自身の物語の断片化」に苦しんでいると言います。

この苦痛は、残酷な皮肉のようですが、自己耽溺《たんでき》的な喜びの状況によって呼び起こされます。ＢＰＤの症状が、経験が分裂し共通の倫理観が失われ、衝動と欲望を満たすことばかりが強調される後期資本主義の無秩序な文化と類似していることは、たびたび指摘されてきました。トーマス・フックスはＢＰＤの出現を、現代社会の断片化と、私たちの「複層的で、たえず動き続ける、不安定な」社会で安定した絆が断ち切られたこととに起因すると、直截的に述べています。

共通の物語と構造が極端に断片化されたポストモダンの社会は、別のＢＰＤ、すなわち境界性政治的障がい(Borderline Political Disorder)の徴候を示しているといっても、過言ではないでしょう。たとえその障がいが、自由と快楽という名のもとで生じているのだとしても。

＊

では、今、何をなしうるのでしょうか。世俗社会は、市民に何か特定の信念を持つことを強要することはできませんし、またそうすべきでもありません。民族社会における忠誠や、民族的愛国心を取り戻したり、家族的な封建主義に回帰することもできません。しかし、です。私たちの経験知と論理的思考の両方から言えることは、どんな社会もある種の共通の目的という基盤なくしては、あるいは同一性や根本的な価値観についての同意なくしては、成り立ちえないということです。それゆえ自由な社会を維持し形成することを望むのであれば、現実の自由の経験は、構造との相克において初めて可能になるということを認めねばならないと思うのです。形を持たない自由は、芸術作品と同じように、統合性を持たず、方向性を示すこともできません。倫理と実存に関わる枠組みの不在は、自由意志を行使するための方策ではなく、精神の分裂や断片化、方向感覚の喪失をもたらすだけです。

こういったものを越えて私たちは、心躍る、興味深く、何かしらのカリスマ性を持った、民主主義社会とその基盤となる価値へと移行していける形を考え出す必要があります。ここで二つ提案をしてみたいと思います。仰々しいものではありませんが、まったく無意味でもないと思います。一つ目は、まず哲学の教育を、しかも早いうちに行うということです。子どもは、生まれながらにして哲学者だと思います。私たちが蓄積してきた豊かな哲学の伝統は、世界と人間の苦悩の歴史を理解すること、そしてそれらについて特定のアイデンティティに基づいて考えるのではなく、私たちが共通に持っている知覚や思考に基づいて考えることへの導入になるのではないでしょうか。さらに哲学は、市民生活における議論や礼儀正しい会話の仕方を教える方途ともなるでしょう。それらは民主主義の基本的な話法の様式ですが、残念なことに、近年衰退しつつあるように思えます。そして二つ目の提案はもちろん、人文学と諸科学の遺産を、十全にそしてしっかりと継承していくことです。結局のところ、これらの学問は、自由社会の最高の成果なのです。そこには、自由という理念と、それがもたらす成果が注ぎ込まれています。そこでさらに思考を深めるための基礎——基盤となる構造——が築かれていくのです。そのような基礎がなくては、「自由な思考」や「言論の自由」も、限られた空間でしか通用しない単なるたわごとに終わってしまうでしょう。

権威主義は、さまざまな形態で個人の主体性を奪い、その結果として、市民を幼児化してしまいます。しかし、個人の次元と同様に、社会的次元でも、自由の目的は専制や全体主義を個人の自己充足という形骸化したものにとって変えることではなく、むしろ抑圧を、自発的な連帯や堅固さや相互の責任に変えていくことにあります。こういったもののみが、自由からの逃走として退行的な位置へと向かう誘惑に対抗し、また見せかけの安らぎを与える信条や、イデオロギー的・宗教的原理主義への対位法になりうるのだと思います。

私たちは、皮肉で懐疑的な脱構築《ディコンストラクション》の時代を通ってきました。そのなかで、あらゆる形態の信念や価値、知覚や行動の形式を解きほぐし、分解して、懐疑的な解釈学をもってその意味を解読しようとしました。しかし、私たちはその一方で、意味と共通の価値が、連帯と道徳的な方向付けのためには必要だということを、認識しなくてはいけないのです。それは人間の精神において本質的なものであり、身体的な安らぎや、その他の欲求の充足と同じような豊かさと強さで必要とされるものです。確かな確信と自信をもって自由を行使することを可能にする価値をどのようにして肯定できるのか、私たちは学ばねばなりません。自由は際限のないものではなく、何らの制限もない状態では生じえないものです。個人による選択は、一人ひとりの自由の表現であり、共有された文脈と文化において初めて意味を持ちます。社会として、そしてまた個人として、何が私たちに重要なのかということを理解さえすれば、私たちは真に責任を伴う自由な選択をすることができるでしょう。

3 記憶、トラウマ、そして認識による癒し

移行という言葉が、昨今私たちの意識にのぼります。驚きといささかの動揺をもって映像を目にしたアラブの春、何十年にもわたる独裁と抑圧を経て、民主主義の権利を要求する声が上がりました。そのような二〇世紀の後半、そして二一世紀初頭から現在にかけて、もっとも大きな政治的な現象の一つが移行です。全体主義国家の独裁と専制政治の時代の後を受けて、平等、自由、そして正義の拡大を求める声が高まるのは、必至のことでしょう。南米、東ヨーロッパ、そしてもちろん南アフリカで展開された、こういった運動の歴史については、まだ多くの書かれていないことがあります。移行は、単に政治的な現象にはとどまりません。それは倫理的で心理学的な過程でもあるのです。そこから、根本的な、ときとしては悲劇的なジレンマが提起されてきます。大きな不正義が行使されたのち、それはどのようにして正されうるのでしょうか。社会が内戦や暴力によって引き裂かれた後、どのように和解がもたらされうるのでしょうか。深い苦しみの後で、どのような慰めと癒しが可能なのでしょうか。

こういった問題こそ、測り知れない暴力がもたらされた二〇世紀の中核にあったものです。そして現在の

世界にも、いまだ同じ問題が突き付けられています。私のこういう問題意識は、そのような悲劇を二度と起こさないことよりも、すでに起こってしまった不当な暴力の結果に関わるものであるという意味で、悲観主義のように聞こえるかもしれません。もちろん、紛争の原因となるものを前もって根こそぎ取り去ったり、来るべき暴力を見通して、それがまだ小さなつぼみのうちに摘み取ってしまうことができるのであれば、それに越したことはありません。事前に介入することで、ルワンダ、旧ユーゴスラビア、あるいはシリアで起こったさらに大規模な悲劇を食い止めることが可能だったなら。残念ながら、私たちはそうすることができませんでした。そして、このような集団的暴力が繰り返されることが現実である以上、私たちは、その結果に関わらざるを得ないのです。私は、諦観から始めると言っているのではありません。大きな不当な暴力の結果と向き合うには、倫理的な現実主義と、矛盾を受けとめる寛容さが必要とされます。ひとたび起きてしまったことは、起こらなかったことにするわけにはいかないのです。世界は、完全に正しいものにはなりえないのです。同時に、特にこの数十年を振り返ると、私たちがどのように過去の暴力に対処するのか——どのようにその直接的な衝撃に反応し、被害を修復し、過去を個人と社会の記憶に位置付けるのか——がます ます問われていると思います。それは現在に関わる問題であり、同時に、未来における暴力の防止、あるいは少なくとも過去の最悪の出来事から未来に向けて伝えるべきものの方向性が見えることに関わっているのかもしれません。

このような課題に、私は歴史あるいは政治哲学の専門家として関わるようになったのではありません。私は個人や歴史の記憶というものに、個人として、そしてもう少し広い観点から、抜き差しならない形で関心を寄せています。その関心は、私自身が第二次世界大戦後のポーランド――戦争で恐ろしいほど蹂躙《じゅうりん》された国です――に育ち、ホロコーストを生き延びたユダヤ人の両親のもとに生まれたという出自を抱えて生きてきた経験が根底にあると思います。より社会学的な興味は、一九八九年のビロード革命直後に東ヨーロッパの国々を旅したことで喚起されました。その旅で、長い抑圧体制の負の遺産とどう関わっていくかを模索する東欧社会の多様なありようを目撃したのでした。他方でその社会学的関心は、さらに長い歴史の射程で、ポーランド人とユダヤ人の複雑に絡み合った関係性の記憶を考えたこともきっかけとなって生まれました。このような意味で、私は独特の立ち位置から話をしていると言えるでしょう。私の考えていることは、限定的な試論に過ぎないかもしれませんし、私にできることはせいぜい、いくつかの問題提起だけかもしれません。たとえば、暴力や大量虐殺が社会や精神に与える影響は何なのか。甚大な組織的暴力の後、それは現実的な行動を通してどのように是正されるべきか。苦しみの記憶はどのように救済できるのか。そして、時間の経過とともに過去に押しやられ、集合的記憶や歴史に変化していく悲劇について、私たちはどのように考えるべきなのか。

ここで、私は武装した者同士の闘争ではなく、力を持つ者が無力な者に対して行う暴力について考えてみたいと思います。私が何より関心を持っているのは、そういった暴力がどのように内面化されるのか、特にそれが第二世代の記憶のなかでどう内面化されるのかということについてです。しかし、こういった問題では、社会と人間の精神は分かちがたく結びついていると思うので、私はこの議論を、広範で不当な暴力に対する世間一般と政治の反応、その根本的な考察から展開しようと思います。

*

不正のあらゆる段階や次元で、私たちは悲劇の歴史と折り合いをつける際に経験される悲嘆と苦悩を何よりも優先して考えなくてはならないと思います。私が提起したいのは、「認めること」についての幅広い概念ですが（認めること、あるいは「承認」は、近年とみに社会関係におけるきわめて重要な要素として理解されています）、それは受容と和解につながる償いの意味を持つ行為です。ひとたび行使された不当な暴力は取り返しがつきません。しかし、何が起こったかを認識すること——被害者の経験と加害者の責任、そして究極的には、広い視野でとらえた原因と結果の構造——は、何かしらの癒しをもたらす象徴的な補償となり、社会を前に歩み出させることに繋がると思います。

組織的暴力——とりわけプリーモ・レーヴィ（一九一九—八七年。イタリアの作家。アウシュヴィッツから生還した）が不要な暴力と呼んだもの——は、闘争の終結や勝利をもたらすものではなく、ただ被害者を辱め、非人間的なものにおとしめることを意図するものですが、それは他者の存在の誤認識、あるいは意図的な認識拒否のかたちだと言えるでしょう。現代思想の一つの潮流では、このような何の根拠も持たない暴力——拷問、レイプ、その他、さまざまな加虐的《サディスティック》な暴力——は、他者の物語《ナラティヴ》、つまり被害者の固有の物語を消し去ろうとする行為だと説明されます。物語が中心にあるかどうかは分かりませんが、確かに言えることは、意図的な残虐性は、対象となる存在のアイデンティティ——その主体性——を無視し、否定し、究極的には破壊してしまう行為であるということです。集団的な次元では、他の集団への攻撃——私のイメージでは、特に宗教や民族を錦の御旗に掲げた敵意ですが——は、攻撃相手の集団的なアイデンティティ、文化的エートス、そして歴史的な自己認識を否定する行為です。

そのような暴力が外部から、たとえば外国からもたらされるにしても、あるいは国家が自国民に行うにしても、また隣人が隣人に対して行使するにしても、いずれにしてもそれが被害者の倫理観――倫理的な世界――にもたらす傷は深いものです。私たちの正義への欲求は強く、哲学者たちはそれを倫理的感情と名付けています。暴力が行われた直後には、その正義への欲求は直接的な報復と復讐への衝動を含むかもしれません。戦闘の後には、たいてい、同胞たちの報復行為と個人的な復讐が展開され、ちょうど私たちがコソボで目にしたような光景が広がります。そのような報復への衝動を抑えるためにも、暴力に晒され蹂躙された社会でもっとも緊急に必要とされるのは、暴力の不当性を認識し、共通の倫理に基づいた秩序を回復することでしょう。そして、大量虐殺を生み出した構造――不正義の原則とでも言えばいいでしょうか――を逆転させ、正しい論理と正義の規範を確立することです。審判と制裁の具体的な基準がどのようなものであれ、まず必要なのは、不当な暴力は不当であると認識すること、そしてその責任の所在を明らかにすることです。

これは自明のことで、またそれが望ましいのも明らかですが、経験的に言えることは、現実的にそれはきわめて難しいということです。特に暴力が自国民に向かった国々では――抑圧的な政府からの移行過程におけるアルゼンチンやチリ、旧ユーゴスラビアやルワンダなど――暴力行為とその責任者を明らかにしようとする場合、真実を抑圧しようとする力が真実を明らかにしようとする力と同じくらいの強さで働くのです。政治的な圧迫と社会的亀裂が未解決の状況下では、不当な暴力を明確にする法的な手続き――それどころか暴力の不当性を定義することさえ――が、公平に行われることは稀です。大規模な殺人行為を公平に扱おうとする正当な意図さえ、煩瑣な法的手順の実務的な限界によって、罪の軽い者に刑が宣告される一方で、罪を負うべき者が無罪放免されたりするのです。

しかし、私たちは、痛ましい事実を覆い隠すことが決して良い結果を招かないということにも気付きました。失われた者はいなくなったのではなく、残された者の記憶、倫理的な良心のなかで生き続けているものです。認識されないままの不当な暴力は、雲散霧消してしまうのではありません。悲劇が起こった社会のなかで、潜伏したまま生き長らえているのです。私が一九九〇年の東ヨーロッパの旅で衝撃的だと思ったのは、封印されていた過去が、自ずとそこに立ち戻って姿を現していたことでした。およそ四〇年にわたる共産党の検閲制度のもとで抑圧されていた不当な暴力の現実が、ときに強い憤怒の感情を伴って人びとの意識にのぼっていました。それと同時に、長年抑圧されていた現象、たとえば民族的偏見や反ユダヤ主義なども、不穏で露骨に噴出していました。過去とどのように向き合うかは、国によってさまざまです。それぞれが、過去への激情と現在の利益の間に均衡を取らねばならないからです。しかし、どの国においても、抑圧された過去からもっと開かれた現在へと移行するためには、過去の暴力を認識することが必要だとされてきました。

シェイマス・ヒーニー〔一九三九―二〇一三年。北アイルランド出身の詩人・作家〕は、明らかに悲観的な様子で、歴史から学べることは、殺戮の場から学べるのと同じくらいのことしかない、と述べています。でも、ときとして本当に少しずつ、例外的な状況を通して、たしかに私たちは学ぶことができると思うのです。その一つの例を、南アフリカの「真実和解委員会」に見ることができます。それは、組織的で不当な暴力の遺産と向き合う、大胆で画期的な取り組みです。この委員会が組織された状況は、それまでのさまざまな不当な暴力の遺産をめぐる問題が凝縮されたような状況でした。おそらく委員会は、過去に失敗したさまざまな事例から、多くを学んだにちがいありません。アパルトヘイトの暴力は長きにわたって続いたのですが、その歴史のなかの直近の時代のことしか、直接的には問題にすることはできませんでした。暴力は、極端な人権侵害を合法とした政治体制下で行使され、それには多くの人間が関与していたのです。加えて現実問題として、必要とされる法的な訴訟手続きの費用は莫大で執行不可能でした。さらにそのような訴追は、マンデラがデ・クラークから政権を引き継ぐにあたって行われた政治的取引――たとえば、アパルトヘイトに加担した政府高官たちの恩赦など――によって除外されたのでした。このようにして委員会は、戦略的・政治的判断による妥協として生まれたのです。

それでもなお、この真実和解委員会の活動が興味深く、また希望を与えてくれると感じるのは、それが政治的にも個人的にも「認識すること」の過程に表現を与える取り組みだったからです。委員会は、加害者と被害者が顔を合わせる機会を提供し、双方が自由に真実を語れる場を作りました。被害者は直接、その加害者に向かって実際に起こったことをぶつけることができました。そこでは事実だけでなく、愛する者が不法に拷問され殺害されるのはどのようなものなのか、あるいは自らが拷問されるのはどのような経験なのかなど、個人的な思いをすべて語ることができる機会でもありました。加害者は、刑罰を免れた状態で、自分にとっての真実を語る機会を与えられました。実際に自身が手を下した被害者と面と向き合って、何かしらの悔恨――悔恨の情の有無は、恩赦には関係ありませんでしたが――を経験する機会でもありました。委員会は、数多の批判に晒されました。南アフリカのアパルトヘイトで行われたことの罪深さとその背景にあった白人至上主義の邪悪さを考えれば、刑事訴追の免除や恩赦という扱いは到底受け入れられるものではなく、むしろ有害だと考える者も少なくありませんでした。彼らの主張としては、加害者たちが法的に裁かれない光景を目のあたりにすることは、すでに十分すぎるほどの苦悩を負わされた者たちにとっては、その苦痛を増すことにしかならないだろうというものでした。さらに、アパルトヘイトに加担した加害者たちが、前政治体制のもとでの自分たちの役割について、しばしば嘘の陳述をしたり、恩赦と引き換えの情報開示を自分に都合よく使っていることも、批判を強める要因でした。

南アフリカで起きたことについて考えてみると、私でさえ、報復によって正義を果たしたいという衝動を抑えるのに必要な精神力は、まさに聖人的なものだと思うことがあります。それでも、記録を読んでみると、委員会の活動はひじょうに強力な修復的な側面を持っていたように思います。つい最近、私はアルビー・サックスの話を聞く機会がありました。彼はアパルトヘイト時代に自由を求める活動家として奮闘し、南アフリカの治安部隊による暗殺計画のなかで腕を失うという経験をしました。その後、南アフリカの憲法裁判所の判事を務めたサックスは、真実和解委員会が現実主義と理想主義が交差する場であったと述べています。そこはある種の劇場で、起こった事実の確認から、それを認め、認識することへと向かうドラマが演じられたと彼は語っていました。

実際、委員会の記録を読むと情熱的なドラマのようです。しかし、この劇場は現実に肉薄した劇場、あるいは現実の劇場だと言えるかもしれません。委員会における、拷問を受けた被害者と、拷問をした加害者とのやりとりの断片を以下に引用します。拷問を受けた被害者は、幾度も水の入った袋に頭を突っ込まされて、窒息しそうになったと言います。そして何が起きているのか理解できなかったと。

ジェイコブス（拷問された被害者） さて、あの「ショック療法」についてだ。なぜ、あの袋が必要だったんだ？ いったい何の目的で？ あの袋についてあれこれ言っていたが、あれが何の役に立ったんだ？

ベンジエン（拷問をした加害者） あなたの友だちや仲間がどこに隠れているかを聞き出すために、私はあらゆる手段を講じたのだ。

ジェイコブス それでは聞くが、どんな手段を講じてもいい、ということなのか？ 私に吐かせるために？

ベンジエン 殺す以外のことなら、そうだ、何でもだ。

ジェイコブス それで、何度かあのようなことをされたあと、私は服を脱がされて足を青いベルトで縛られて、地面に突き飛ばされた。こんなふうな丸い手錠をかけられて、たしか手錠をかけられた腕に布をかぶせられて、それでお前は私が暴れないようにしたんだ。そんなことが繰り返されるなかで、あるとき、たしか四回目か、私は、もう死にそうだと思った。お前はそこで私を起こしてこう言ったんだ。ピーター、俺はお前を死の淵まで何度でも連れていけるんだぞ。だが、今はとにかくお前が話すんだ。その結果として、お前が死ぬことになっても仕方ないさ。そう言ったことを覚えているか。

ベンジエン そのようなことを言ったかもしれないと、認めます。

ジェイコブス 私は知ってほしいんだ、そしてちゃんと言ってもらいたいんだ。私にはとても大事なことだからだ。真実〔和解〕委員会がお前を恩赦にしたとしても、お前が事実を認めることが、私には何より大事なんだ。そう言ったのか。

ベンジエン　はい、言いました。

このような言葉を交わしながら、二人の間にどのような変化がもたらされたかを知ることは、もちろん、難しいと思います。ただ、自分が何をされたのかを知りたいという衝動は、大きな力を持つのではないでしょうか。おそらくそれは、もとの状況で感じた無力さを解きほぐすことなのかもしれません。そして加害者に対して、被害者が一人の人間であることを突き付けて、自らの行為がどのようなものであったのかを認識させることは、道徳的なカタルシス(あるいは昨今私たちが使う言葉で言うと、「終結」)に近い行為なのではないでしょうか。おそらく、こういった直接的な対面は、加害者に自分自身と直面することを余儀なくさせ、自分が生身の人間を傷つけたことを認識させ、自分の行動と意図が、どれほど忌むべきものであったかを分からせる経験でもあるでしょう。きっと、一番望ましいシナリオは、このことによって加害者の魂に小さな変化がもたらされるということでしょう。ベンジエンは本当に最低限の形ではありましたが、謝罪をし、自分がなぜあのようなことをしてしまったのか分からない、と言葉にするのとほとんど同じような反応を見せました。

倫理的な正義ということについて言えば、私たちは赦しと報復の概念の間で行ったり来たりします。両方とも、大きな規模では実行不可能なものでしょう。寛容さと赦しの限界は、加害者の主体的な関与の度合と、その残酷な行為の中に見られる人間的な要素に対する認識によって大きく影響されるように思います。一方で、大規模な報復も不可能です。それはただ憎しみに囚われる人間を増やし、報復の悪循環を招くだけです。

公共の正義は、部分的で不完全なもの――正義の理念を思い起こさせるもの――でしかありえないのです。おそらく、認識という象徴的な正義こそが、私たちが達成できる精一杯なのではないでしょうか。被害者にとって、行われた不正の認識は、自分の基本的な倫理的一貫性を回復するために必要なものです。社会全体にとっては、過去の事実が公に明らかにされ認識されるということは、過去と現在を象徴的に区別する方法となるでしょう。

アルビー・サックスは、自分を暗殺しようとした男と対面したときのことについて語っています。ある日突然、そのヘンリーという名の男がサックスの家を訪ねてきたのです。二人は語り合い、最後にサックスは、ヘンリーと握手をすることができました。しかしサックスが断じて否定したのは、彼がそのときに感じたのは、あるいは感じたいと願っていたのは、赦しの感情ではなかったということです。そういうことではなかったのだ、とサックスは言っています。彼が求めていたのは、ヘンリーと同じ国で、共通の倫理的な秩序のもとでともに暮らしていけることだった、と。握手は、そうした願いの象徴的なジェスチャーでした。しかし、こういった象徴的なジェスチャー――象徴的なドラマ――は、大きな力を持っています。実際、サックスがヘンリーの友人に、この対面がヘンリーにどのような影響を与えたかと尋ねたところ、その友人は、ヘンリーがその後一週間、ずっと家で泣いていたと答えたのでした。

暴力の公的な認識は、そのように倫理的、心理学的に重要な影響を及ぼします。しかし、いかんともしがたい悲嘆と喪失の感覚の次元も存在します。個人の内面においては、象徴的な認識というもので、簡単に傷を拭い去ることは難しいのです。公共的な、そして法的な場で決着がついたずっと後になっても、暴力によって内面に刻印された傷は、癒えることなく秘かに存在し続けます。こういった傷は根が深く、目に見えない深層に隠されます。一九五〇年代に精神科医たちがホロコーストの生存者たちを対象に行ったインタビューにおいて、生存者たちが自らの経験したことで精神的に深い影響を受けていること、そして、その経験の衝撃がずっと尾を引いていることが明らかになり、医師たちを驚愕させました。現在では常識となっていることですが、当時はそのような状況だったのです。

今日、トラウマを引き起こすような経験の心理学的な衝撃について、理論的には以前よりもずっと分かるようになりました。もっとも、トラウマを抱えている人を実際に見分けるのは今でも必ずしも簡単ではありませんが。いずれにせよこの二〇年を見てみると、実に多くの証言が蓄積されてきました。その多くがホロコーストの生存者によるものですが、他の歴史の悲劇から生まれたものもあります。心理学以外の学問領域からの貴重な貢献は、心理療法や精神分析からのもので、対象との親密な関係性と、精密な観察を兼ね備えたそれらの分野独自の立ち位置から生まれたものです。こうした文献や、多くの詳細な症例研究を簡単に語ることは不可能です。しかし、これらの研究から見える、トラウマの記憶についての主要な洞察を述べるとすると、それは、そこでも認識、認めることの重要性が示唆されていることです。その認識は、記憶についての認識と、記憶を通しての認識がありますが、それらは歴史の悲劇のなかで痛めつけられた一人ひとりの人間の傷に対応するために必要なものなのです。恐ろしい体験が及ぼした重圧を解くために必要なのは、体験の記憶に取りつかれることでも、また、その経験を未消化なまま忘れてしまうことでもありません。彼らに必要なのは、過去と現在をきっちりと区別するために、出来事の全貌を理解して記憶することなのです。

トラウマに特徴的なのは――証言に繰り返し出てくるのですが――、時間が、恐怖と苦痛の瞬間で止まってしまっていることです。トラウマの記憶が長きにわたって力を及ぼすのは、それがいつまでも、現在起こっているかのような生々しさを持って迫ってくるからです。記憶や夢のなかに現れる恐怖の瞬間が、現在の出来事を押し潰してしまうのです。そうやって、失われた家族が、新しい人生をともに過ごしている現在の家族よりも重要で影響力を持った存在になることもあります。暴力を受けていたときに感じていた恐怖が、日常の何気ないやりとりに影響を及ぼしそれを毒することもあります。屈辱を味わったときの光景や身体的な痛みが繰り返し思い出され、平時の穏やかな現実の感覚をかき乱してしまうこともあります。近しい者を救うことができなかった罪の意識が突然襲ってきて、困惑したり混乱したりすることもあります。

ここで、そのような心揺さぶられる事例を一つ挙げてみましょう。精神分析家であるディノラ・パインズは、ホロコーストの生存者とその子どもたちとの関わりを感動的に書き記しています。そのなかで彼女は、アウシュヴィッツで思春期を過ごした一人の女性のことを語っています。その女性は、アウシュヴィッツで精神的な意味で死の極限の体験をしました。その後の彼女の精神的な成長は、特にアウシュヴィッツで経験したある瞬間によってねじ曲げられてしまいました。それは、メンゲレ博士〔ヨーゼフ・メンゲレ。ナチス親衛隊の医師としてアウシュヴィッツ収容所の囚人を用いて残虐な人体実験を繰り返した〕というハンサムな男を見た瞬間でした。彼は、彼女よりも、母と妹を「気に入り」、あることのために選び出しました。しかし、後に明らかになったのは、彼が選んでいたのは、彼のグロテスクな医学実験のための被験者だったということでした。セラピーの過程で、この女性は、かつて自分が体験した精神的な死の状態に退行する様子を見せました。しかし同時に彼女は、自分のなかに湧き起こる加虐的で残酷な感情とも闘い、それと向き合わなければなりませんでした。その感情は、復讐心を伴ったエロティシズムが、他者を経由して、メンゲレ博士という恐ろしい人物に向けられたものでした。アウシュヴィッツから解放され、そこで経験した苦悩と恐怖に満ちた出来事の詳細に長い年月をかけて向き合うことができるようになって初めて、彼女はアウシュヴィッツで殺された自分の家族の死を悼むことができるようになりました。そこでようやく彼女は過去と現在を切り離し、情感に満ちた現在の人生を、血ぬられた強制収容所で刻印された耐えがたい恐怖と区別することができるようになったのです。

私がこのような痛ましい事柄を詳細に語るのは、精神的な問題を煽情的に伝えようとしているからではなく、トラウマが人間の精神に刻まれる過程が、いかに複雑で悲痛なものなのかを示すためです。集団的暴力が及ぼす深い影響を掘り起こして認識する作業は、きわめて困難なものです。同時に、トラウマの概念とその表現方法は、どうやら普遍的ではないようです。自国の歴史のなかで数々の恐怖を体験したロシア人たちの多くは、精神に刻印された傷跡という考え方そのものに激しく抵抗します。その反対の極では、クメール・ルージュによる暴虐の恐怖を生き延びた、一〇〇人を超えるアメリカ在住のカンボジア女性たちが、心因性の失明状態に陥ったということを読んだことがあります。彼女たちが経験した恐怖は、まさにホロコーストに匹敵するものだっただろうと想像します。極端な恐怖がこのように心因性の失明というかたちで現れる背景には、明らかに文化的な要因か、少なくともその影響が見られると思います。こうした問題をめぐる文化的な要因については、まだ十分なことが分かっていません。ただ、多くのホロコーストの生存者たちと同じように、トラウマの記憶が、それがどのようなかたちで作用しているか明確にできず、また西洋的なセラピーの方法論では説明できないものであったとしても、何かしらの影響力を及ぼしていることは確かではないでしょうか。

トラウマが文化的な背景を持つ概念だとしても、肝心な点は苦痛自体は文化とは関係ないということです。そして、暴力の犠牲になった者たちの喪失感があまりにも大きいため、記憶や追悼という行為はひじょうに困難です。しかし多くの人にとって、耐えがたいような経験が受け入れられるようになるのは、その経験を自分自身と周りの者が認め、十分に認識することによってなのです。つまり、個人の物語を他者に正しく深く理解してもらうという公正さの重要性です。そして、セラピーや親密な人間関係を通して得られる個人的な理解とは別に、公共のあるいは文化的な認識の仕方がここで重要になるのだと思います。ロシア人のスターリニズム経験者たちが、あのような恐怖を体験しながらなぜ深く傷ついたと感じないのか、おそらくそれは、同じ苦難を経験した人の数が多く、お互いに気持ちを理解してきたからだと思います。

一方で、多くのホロコースト経験者たちが感じた強烈な絶望感に特徴的なのは、自分たちの経験が人びとの想像や理解の埒外《らちがい》である場所に移民したことに起因するのではないかと思います。彼らの言葉には、しばしば不信の目が向けられ、彼らは顔をそむけられました。自分の国においてさえ、ホロコーストの生存者たちは、一般の人びとの知らない戦争の犠牲者でした。ホロコーストは、一般的な理解の枠組みでとらえるのが容易ではない出来事であり、それは長い間沈黙と否定のなかに封印されました。それこそ勝手な推測でしかありませんが、あのカンボジア女性たちが失明状態になった理由のいくばくかは、自分たちの戦慄すべき経験が他の人からは理解されないと感じたことにあるのではないでしょうか。こうしたことを考えているときに、私は南アフリカの真実和解委員会でのある証言を読みました。それは、アパルトヘイトのもとで文字どおり失明状態に陥った男性の証言で、彼は証言の後にこのように語っています。「私は委員会に御礼を言いたい。なぜなら、自分の物語を語り終えたいま、再び目が見えるようになったのを感じるからだ」と。

私たちに、このような事柄を理解する感性と連帯の意思が求められているのはもちろんですが、私は、ホロコースト生存者たちを苦悩の象徴に仕立て上げたり、知恵の伝達者として偶像化してしまう昨今の風潮には反対です。恐ろしい経験を生き延びてきた者たちは、その次元でだけ存在しているのではありません。もっと複雑な現実を生きており、その人生やアイデンティティは、「生存者」という一つの言葉でくくってしまえるものではないのです。

さて、ホロコーストの後に生まれた第二世代についてはどうでしょうか。歴史的な惨劇の経験は、文字どおりのそして象徴的な意味での次世代、私が「ポスト第一世代」と総称する世代に、どのように継承されているのでしょうか。私たちにとって、自身のものではない、しかしひじょうに近いところにある記憶をどのように記憶すればよいのか、あるいはそれについてどのように考えればよいのか。こうした問いは、暴力の直接的な影響を語ることに比べて、もっと漠然としていて抽象的に感じられるかもしれません。しかし、第二世代の記憶の問題は、ひじょうに重要だと私は思います。ポスト第一世代は、過去と未来の「蝶つがい」のようなもので、過去を未来に変えていくにあたって重要な役割を負っているからです。この世代は、いまも生き続ける暴力の記憶を受け継ぎ、それを集合的記憶もしくは歴史的な知識へと、何かしらの鋳型を作って変換していかねばならないのです。第二世代が位置するこの決定的に重要な中間点においてこそ、過去が神話へと結晶化されたり、逆に歴史の複層性のなかに意味付けられたりするのです。報復の連鎖が続いていくか、それとも断ち切られるかはここで決まります。過去が伝達される節目について考えるのは、意味のあることだと思います。それは本当に危険でもあり、同時に純粋な可能性と希望に拓かれた機会でもあると思います。

難しい記憶を伝達することについて、まず内的経験からはじめ、それがその後、外に向かうのを辿るかたちでお話ししたいと思います。それは、暴力の犠牲者の子どもたちの経験が、どのような経路を辿るかを示すことになります。すでに感情や考えを身につけた状態でホロコーストという歴史的惨禍に向き合った大人たちは通常、出来事の社会的・政治的側面について多少の理解をしていました。それとは対照的に、ホロコースト後に生まれた世代、あるいは幼い子どもとしてホロコーストを経験した世代は、究極的な出来事を未熟な理解や知覚で受け止めるほかありませんでした。

何カ月か前、南アフリカの女性が、子ども時代に街の通りで目撃した殺戮のことを語るのを聞きました。彼女の記憶ではその日、多くの人間が射殺され、家の前の通りが血で染まりました。この出来事を後になって研究者として調査して初めて、彼女はその事件で死んだのはたった一人だったということを知りました。一人の死ならそれほど恐ろしいものではないとか、南アフリカで大勢の人が殺された事件がなかったということを言いたいのではありません。ただ、この若い研究者自身も語っているように、恐ろしい出来事は、子どもの心には実際以上に大きな恐怖として刻印されるということを言いたいのです。

同じことが、自分が直接目撃したものではない出来事、家族を通して、あるいは暴力が起きた後の空気や風景を通して伝わった事柄についても言えると思います。ホロコースト生存者の子どもたちについての文献、あるいは彼らによって書かれた本に、最初に受け取った知識が持つ陰鬱な支離滅裂さについての証言が多く見られます。家族間で伝えられるそういった知識のなかで、生存者たちが語る物語はしばしば断片化しています。記憶にあるのは、いつも究極の危険や緊張の瞬間、敵による恐怖や脅迫の瞬間です。そういった話を聞かされた子どもたちが、断片を時系列につなぎ合わせて一つの物語として理解できるまでには長い時間がかかります。緊張を孕んだ断片や言葉の端々に、トラウマの記憶が出現します。家族の緊密な関係において、苦痛に満ちた経験は、言葉で表現されるより、むしろ無意識の行動やしぐさ、沈黙や引きこもりを通して語られることもあります。それは、雄弁な身体言語というものかもしれません。

そのようなメッセージから伝達されるのは、不条理や巨大で非人間的な力に満ちた恐ろしい宇宙です。ホロコーストの文脈からは逸れますが、インドの精神分析家であるスディール・カカは、著書『暴力の色』(*The Colors of Violence*)で、インドで起こった共同体間の紛争を社会的そして心理的構造から分析しています。カカはそこで、自分が子どもの頃に聞いた、インドの分割に続く凄まじい紛争に関する家族の物語について語っています。

今になってようやく客観的に、そして穏やかに、あの出来事のことを振り返ることができるようになった。あの紛争の物語を、心理学的な見地から読み解くことができるようになったのだ。話を子どもの頃に聞いた時は、その恐怖に満ちたイメージが私の心に強迫的に入り込んできて、その語り手たちの感情的な声が、荒々しく反響していた。語りは、子ども心に狂気のようなトーンで迫ってきて、そこに潜む尋常でないものがヒステリーであるということを理解できたのは、大人になってからのことだった。当時、私の叔父、叔母、従兄たちは、まだ自分たちのトラウマから抜け出ていなかった「のでそのような状態だったのも無理はない」。

トラウマの継承がもたらす力、それが世代を越えて深く影響を及ぼすことを、見過ごしてはいけないと思います。ホロコースト生存者の子どもたちのなかには、親の記憶を自らに取り込む作業——それは無意識の同化である場合もありますが——を、悲劇的な出来事や人生を亡霊のように再現するかたちで行う者もいます。第二世代の記憶をテーマにした文献には、次のような例が見られます。たとえば、ホロコースト生存者の子どもが、もう死んでしまった親戚に憑依《ひょうい》されたようになったり、語られなかった——しかし無意識のうちに伝達されていた——年長者の恐怖が、奇妙な儀式や何かの症状として表現されたりします。あるいは、親がずっと隠れて生き延びた経験を、同じように再現する人もいます。『そののちの闘い』(*The War After*)の著者アン・カープは、親を守らねばならないという、深く内面化された義務感から、親との分離がきわめて難しかったと語っています。これは、同じような境遇を子ども時代に経験した多くの者に共通して見られる現象です。

親との同一化をこのように強固にしてしまうのは、それが倫理的な要素をふくむからだと言えるでしょう。内面に深く根差した使命感、親の苦痛の経験を不名誉なものにしないために、その経験に忠実に寄り添い続けなくてはならないという、内なる命令です。しかし、そういうかたちで親の経験を尊重するということは、それにずっと囚われ続けるということです。セラピーの視点から見ると、囚われることをやめるためには、恐怖の源を大きな視野でとらえることが必要なのです。

生存者の子どもたちにグループ療法を行っているイスラエルの心理療法家ダイナ・ワルディは、『追悼のろうそく』(*Memorial Candles*)という印象的な本で、患者たちにとって、親や親戚の経験が実際にどのようなものであったかを理解することがいかに難しかったかを語っています。親から受け取った記憶を、心乱されることもふくめて詳細に認識し、それに伴う不快な感情――親の屈辱を恥ずかしく思う感覚や、生き延びるために親がしたことへの怒り、親に暴力を行使した者への復讐心、あるいは反対に、屈従した親を罰したいと願う気持ちなどがあるでしょう――を理解することが必要だったことも述べています。自身に伝達された記憶を、白日のもとに引き出すことができて初めて、彼らは自由になれたのです。このためには、彼らが語ってこなかった曖昧な記憶を、共感を寄せる他者が確認する作業も重要でした。内面における認識が共有されることによって初めて、過去と現在の線引きが可能になりました。過去を、異なった時間の領域に属するものとして一定の距離をもって俯瞰し、とらえ直すことができるようになったのです。

過去と現在の間に線を引くこと、つまり過去を過去として理解することは、いつでも大変な努力が必要です。生存者の世代では、記憶を攪乱する現実が、完全に過去のものとして片付けるには重すぎる場合もままあります。一生をかけても赦し、忘れることができないこともあります。しかし、第二世代つまりポスト第一世代にとっては、過去との別離は、彼らのなすべき仕事、義務とも言えるかもしれません。現実ではなく過去の影を相手に格闘することは、心理的な混乱を招くかもしれません。しかし、現実を振り払うことはできませんが、影は消すことができるのです。

これは決定的に重要なことです。なぜなら、過去からの囚われの状態が終わらなければ、そして過去との分離が達成されなければ、伝達された記憶は、成長を経て原理的な確信へと変わり、過去の報復を反復する方向に向かうかもしれないからです。ある世代の歴史的な経験は、次世代に子ども時代の神話として受けとめられます。ポスト第一世代のその神話では、世界は対立する二つの力に分断されているかもしれません。それは、悪の力と犠牲者を理想化する力、加害者と被害者の二分化です。再びスディール・カカの言葉に戻りましょう。

このインド亜大陸の何万人ものヒンズー教徒とイスラム教徒の子どもたちが、親や年配の親戚たちから、……執念深く残忍な敵の話を聞かされてきたことを思うと、本当に悲しくなる。歴史的な憎悪が次世代へと引き継がれていく主要な道筋が、こういった家族を通しての伝達なのだ。表面的な解釈や合理化に対する考慮がないまま、子どもが耳にするのは、愛する大人たちが語る救いがたい憎悪や無力感であって、そこから、家族や親戚に屈辱を与えた者への報復のシナリオが頭のなかで作り上げられてしまう。

悲しいことに、同様の敵意伝達の道筋が、ボスニアやセルビアの子どもたちに見えます。また、ルワンダのあの戦慄の虐殺の後に大人になっていくフツやツチの子どもたちにも。私たちが、その敵意伝達の過程にどのように関われるか、そして暴力に引き裂かれた風景のなかで育っていく子どもたちに何を教えていけるか、それは、明らかに未来に大きな影響を与えるでしょう。歴史とは教育と災厄の競争だと言ったのは誰だったでしょうか。その言葉は第二世代という区切りの時期に、何よりもあてはまるものです。だから、社会のなかで記憶について考えること――公共の場で記憶の伝達について議論していくこと――こそが、重要になるのです。

ここで簡単に、私たちの文化における記憶に関わるレトリック――あるいは記憶の政治学《ポリティクス》――についても触れておきましょう。近年、特におそらくアメリカでは、集合的記憶全般に対して、さらにそのなかでもトラウマの記憶に対して、強い関心が寄せられています。この偏った文化的な耽溺においては、記憶はいつも被害の記憶を意味しているようです。ある特定の集団に還元された、また歴史のなかのもっとも暗いさまざまなエピソードを前景化したような記憶です。アイルランドの飢饉、あるいは南京大虐殺、そして特にホロコーストがその例です。

私は、このような悲劇の犠牲者たちを追悼する必要性や、先祖代々の物語を尊重することを軽視しているわけではありません。悲劇は追悼されねばならないし、その継承者たちにしっかりと受け止められ、歴史的に認識されなければならないと思っています。それでもなお、私は昨今の記憶をめぐる言説には、違和感を感じるのです。一つには、悲劇を記憶することを繰り返し強要するなかで、その言葉が単なる決まり文句になってしまう危険性があることです。それは表層的な記憶に結びついてしまい、結局、過去と本当に向き合って取り組むことを阻んでしまうかもしれません。さらに、集合的記憶によって集団のアイデンティティを強化しようとしたり、親の犠牲の経験にそのまま同一化したりすることは、記憶の横領や、記憶に対する不誠実さにつながるように思えるのです。第二世代の肩に重くのしかかっている、第一世代から伝達された記憶は、結局のところ、彼らのものではないのです。くわえて、これはデリケートな問題ですが、犠牲者の継承者が、自分たちが歴史上正しい側に属していると目されているからといって、ある種の正義の感覚――それは簡単に独善にすり替わってしまうのですが――を説く理由はどこにもないのです。それは、加害者であった親の罪ゆえに、その子どもたちが集団として糾弾されなければならない理由がないのと同じことです。どちらの行動も人が陥りがちなものであり、感情的に理解できるものでもあります。しかし、どちらも最大限の努力をして避けなければならないものです。

過去の恐ろしい出来事の被害・加害の両方の側で、第二世代は過去を単に記憶すればよいのでなく、しっかりと理解して記憶しなくてはならないのです。過去を、徹底的に、そして批判的に検証することが必要です。加害の歴史を受け継ぐべき者たちがその行為を怠ったら、当然ながら暴力の連鎖が繰り返され、抑圧的な体制が温存・再生産されてゆくでしょう。それと同じように私たちがしばしば目にするのは、被害者意識に満ちた神経過敏な記憶を都合よく組み合わせて、相手を攻撃するために使っている状況です。最近のユーゴスラビアの例では、セルビアのプロパガンダ機関が繰り返し、ムスリムの手によるセルビア人の受難の記憶を想起させて攻撃の正当化に使い、兵士たちを鼓舞しようとしました。

過去の確執に囚われた論理――行為と反撃、暴力と報復など――は、どこかで断ち切られなければなりません。だからこそ、第二世代は自分の祖先に同一化することから離れて、より広い理解の論理へと向かわねばならないのです。それは誤解ではなく、理解へとつなぐ対話でもあります。ドイツ人とユダヤ人の関係性は幸せなものではありませんが、ポスト第一世代の対話にとって参考になる要素があります。それは、第一世代における悲劇の経験はひじょうに不公平なものでしたが、次の世代に至ると、悲劇はある程度までは均等に経験されるようになったということです。第一世代では、暴力による不正は、まずは直接的な苦痛として経験され、その後、トラウマとさらに罪の意識という重荷を負い続けなければならないという意味で、内面的な不正として経験されました。第一世代の加害者は、一見したところ——被害者の苦悩にははるかに及ばないよ
ど明らかになっていないことは問題ですが——苦痛を感じていても、被害者の苦悩にははるかに及ばないように見えます。もちろん、例外はあるでしょうが。しかし、ナチの加害者たちや南アフリカのアパルトヘイトの被告人たちの証言を読むと、彼らが自分たちの権力喪失を嘆き、報復への恐怖を抱えながら生きているのは事実だとしても、依然として自分たちの信念が正しかったと考え、犯した行為の正当性を強く肯定していることが分かります。

どうしてそうなのか、その理由はまだ十分に検証されていません。ただ、加害者に対する心理学的な考察が十分になされていないのはたしかです。加害者たちは、自分たちの拷問の被害者や犠牲者たちに比べ、心理療法に頻繁に通うことは稀で、内省的な証言を残すこともあまりありません。拷問を行ったベンジエンも、陳述のなかで一度だけ、精神科医のカウンセリングを受けたと語って、自分自身の行為への当惑があったことを言葉にしています。

凶悪行為を体系的な方法で行うために雇われた者たちは、加虐的な行動をとるための教育を受けるといいます。まず残酷な行為に徐々に慣れていく過程をふんで、感覚を麻痺させるようなトレーニングを経て、暴虐行為の相手に対する究極の蔑視にまで行きつきます。これは、ジークムント・バウマンが『近代とホロコースト』〔森田典正訳、大月書店〕という優れた著作のなかで「社会による距離の生産」と述べている、他者を自分から遠ざける訓練の一つです。おそらく、同情や共感の能力を麻痺させてしまうことで、良心や罪の意識も麻痺状態に至るのです。

このようなことがどういった内面の変化によりもたらされるのかは、よく分かりません。自分自身の欠落を防衛しようとする心理が、裏返って誇大さや権力への執着へと変容したり、些細な自己矛盾や混乱が硬直した信念へと単純化されたりするのでしょう。フロイトは、人間の超自我が、指導者や信念というものに自らを譲り渡してしまうメカニズムを、的確に説明していると思います。つい最近、私は、オサマ・ビン・ラディンのテロ行為の集団から離脱した人の言葉を読みました。彼がテロ行為に関わった理由は、ビン・ラディンのイスラム解釈と、その報復と殉教の道徳的意味付けが正しいと固く信じていたからだと言います。言葉を換えて言うと、彼はただ命令に従ったのではなく、自分自身で考え信念を形成する代わりに、それを指導者に委ねていたことになります。

しかし、暴力が行われた後の世代にとって、加害の意識をめぐる話は、まったく異なってきます。加害の当事者たちが自分の行為に対してあまり深い良心の呵責を感じていなかったのに対して、彼らの子どもたちは、しばしば被害者の子どもたちと同じくらい、自分たちの遺産の重さを感じています。ここでまた、研究の蓄積があるナチス・ドイツの例を取り上げてみます。

この問題についても多くの文献が書かれてきましたが、一人称の証言と、精神分析の症例の両方から、加害の遺産を負う者たちが感じている精神的な苦悩の複雑さは、他方の被害者のポスト第一世代の複雑な様相と同じだということが見えてきます。戦後多くのドイツ人の家庭では、ずっと秘密と沈黙が続いていました。親は子どもたちは、意識化された事実と、無意識で感じ取っていることの間の亀裂に混乱させられました。親はしばしば、冷淡で過去の罪を認めることができない存在に映りました。戦争中に親世代が行ったことが徐々に明確になってくると、子どもたちは大きな怒りに駆られると同時に、親の代わりに過去の罪に対する意識も引き受けたのです。最近、ある女性の手記を読んだのですが、彼女は子ども時代に家で繰り返し交わされた会話の断片や半ば無意識で伝えられた言葉から、両親がナチの安楽死計画に関わっていたことを察知しました。記憶を掘り起こすなかで彼女は、もし自分に欠陥があったり不完全だと親に思われたりしたら、同じように殺されるのではないかという不安に苛《さいな》まれていたことを知りました。のちに、彼女はそのような子ども時代の恐怖心を基盤にして、自分と被害者を完全に重ね合わせるようになりました。これは、その世代のドイツ人の多くにも共通するものでした。

ある意味では、加害者の子どもたちにとって過去と折り合いをつけることは、被害者の子どもたちよりも困難だと言えます。親を愛し受け入れたいという当然の欲求が、親が犯した罪を糾弾しなければならないという倫理的な義務感と、激しく対立するからです。その一方で、加害者の子どもたちは、歴史的な過去の出来事を自分とは別のものとして切り離すことも容易にできます。少なくともその過去は、倫理的な義務として糾弾すべきなのですから。それに対し、被害者の側のポスト第一世代にとっての倫理的義務は、過去にずっと関わり続けることです。オーストリアのジャーナリストであるペーター・シクロフスキーは、ナチで指導的な立場にあった親を持つ子どもたちを対象にしたインタビューをまとめていますが、そのなかで彼は、子どもたちが過去と決別することが可能になった背景を述べています。それは、いわゆる「ファシスト的な家族構造」、つまり父権主義的な厳格さのエートスと権威主義とが、子どもたちが学校や社会で学んでいた民主主義的な価値観と矛盾していたことだといいます。それは辛いことではありましたが、究極的にはよいことでした。

加害者と被害者双方の子どもたちに負の歴史が託されるのは、たしかに公平なものではありません。しかし、ホロコーストの影響がまだ生々しいうちには期待できなかった対話や相互理解さえもが、ポスト第一世代では促されることがあります。実際に顔を突き合わせて言葉を交わすことで、集団としての敵という他者の観念を融解することができます。私はそのような機会が可能な限り提供されるべきだと考えています。実際に戦後、ドイツ人とユダヤ人の関係修復が推し進められてきただけでなく、冷戦によって遅れはしたものの、ポーランド人とユダヤ人の敵対関係を解く試みも始まっています。

対話の可能性は、第二世代の理解を促進するだけなく、第二世代が過去に対して問いかけるべき事柄を示唆するものでもあります。世代の交代と、それがもたらす集団の関係性の変容から、私たちは、どんな集団も本質的に攻撃的でもなければ、まったく潔白でもないことを学びました。そしてまた、集団同士の闘争は、決して運命づけられたものではないということも。そのように考えれば、たとえばヒンズー教徒とイスラム教徒の対立がどのような理由や状況で生まれたのか、ポーランド人とユダヤ人の長い共存の歴史のなかで、どのように反ユダヤ主義が出てきたのか、そしてどのような要素が平和あるいは穏和な無関心を構築するのか、という問いに答えなければなりません。

もちろん、暴力の理由は常に大げさに意味付けられ、闘争はきわめて多くの要因で加速されます。たとえば武力外交、領土紛争、経済的貧困や競争です。しかし、特に人種、民族、宗教など、現在数多く見られるアイデンティティ闘争において、敵愾心《てきがいしん》や蔑視、敵対的な他者イメージの投影や創出の背景にある心理的・社会的力学を、理解しなくてはなりません。スディール・カカは、ヒンズー教徒とイスラム教徒の衝突は何かしら具体的な出来事や口論をきっかけとして勃発するけれども、それは二つの集団の間にずっと横たわっている相違の意識によって補強されていると言います。この相違の意識は相手に対して否定的な性質を投影することによって作られています。たとえば、相手が不道徳であるとか、不潔な習慣があるとか、あるいは怪しげな性的風習を持っているとか、そういったことです。平時には、そのような意識は潜在的なものとして表面には出てきません。しかし、紛争が起こると、お互いに対する相違の意識が熱狂的な憎悪に煽られて、普段なら理解には及ばないまでも、無関心なまま共存できていたであろう他者が、絶対的な敵、自身の存在を脅かす他者へと変容してしまうのです。これは、私自身が見てきたポーランド人とユダヤ人の闘争と共存の歴史のパターンを思い起こさせます。何か具体的ないざこざに誘引されて憎悪が表面化し、反ユダヤ主義の暴力が勃発した例はいくつもあります。しかし、そのようなことに至ったのには、二つの集団がずっと文化的・精神的に分離した状態で生活してきたからでしょう。

距離の生産は、異質な他者を作り上げることにつながり、それはしばしば暴力の前提条件になります。そして暴力はさらなる距離を生み出します。この悪循環を断ち切る方法があるとしたら、それは苦々しい感情がまだ渦巻いているけれども、ある区切りを迎えた小休止の時期に、客観的に静観して考えることでしょう。そのような小休止において、私たちは連帯を促進する社会的・政治的構造について考え、「根源的な他者」を堅固なものとする観方と闘わなければなりません。ポーランド人とユダヤ人の歴史についての私の研究から見て、私には、その両者が共通の教育、言語、市民社会の言論の場など、そういった構造を作ることができなかったのだと思います。このことが、ホロコーストの時代に、ポーランド人たちがユダヤ人とどう関わるかに、大きく作用したのだと思います。第二世代、ポスト第一世代において、私たちは過去のトラウマに囚われた観方を越えて、長い歴史の文脈へと目を向けなければなりません。さらに、党派性のある記憶を歴史に対する複雑で巨視的な視点で補足しなければなりません。対立した集団の双方の歴史を共通の視点から検証することも可能なはずです。それを通して、私たちは集合的記憶という、あいまいでプロパガンダ的な言葉そのものを問い直すことができるようになるかもしれません。私は過去の不正を冷静に赦すべきだと主張しているのではなく、負の遺産を再生産し、過去の暴力を繰り返したり、逆方向に暴力を起こしたりしないために、考察が必要だということを言いたいのです。

私が耳にした、もっとも有望なプロジェクトは、ボスニアの歴史検証委員会(Truth Commission)の取り組みで、ボスニアとクロアチアとセルビアの著名な歴史家を組織して、戦争の歴史について一冊の本をまとめるというものです。また、ルワンダでは、自国だけでなく、世界の他の虐殺の生存者やその子どもたちと一緒に意見交換をするという興味深い企画を提案しているそうです。そこに加害者の子どもたちも含まれているのかは定かではありませんが、もしそうであったら、実りの多いものになると思います。現在進行形の記憶に基づいて、さまざまな歴史的暴虐を比較するという会議が開催可能だということ自体、不幸なことだと思います。それでもなお、私たちがまだ数十年しか経ていない間に起きた歴史の悲劇から何かしらのことを学ぶ努力をしているということに、私は希望を感じます。他者の悲劇の経験を認め、私たち自身を、彼らの経験のなかに位置付けて認識することが学べるのであれば。過去を消去したり、癒すことはできません。しかし、私たちはおそらく、わずかかもしれないけれども、しっかりと自覚して、根本的なところで修復が可能になるような洞察をそこから引き出し、破壊をもたらしてしまうかもしれない力そのものを、より建設的な展望へと変換していけるはずです。

コーダ　第二世代の言葉を探して
――大島ミチルとの対話

大島　まず、長崎のご感想はいかがですか？

ホフマン　日本の歴史について、新しい発見があったように感じています。秘められた歴史が、現在も存在し続けているのですね。隠れキリシタンにまつわる歴史でも。それは私にとって、印象的なものの一つです。長崎はとても興味深い街です。たとえば、この出島のように歴史そのものが保存されている場所には、たいへん興味を覚えます。当時人びとが暮らしていた場所を訪ねることで歴史を知るというのは、素晴らしいことです。彼らの生活の多様なありように触れると、さらに歴史への関心が深まるでしょう。

そして、もちろん原爆で破壊された浦上天主堂も、きわめて印象的でした。破壊の凄まじさと痛ましい悲劇、そして人びとがそれをどのように受けとめたかということが、深く心に残りました。それはさまざまなものを抱え込んだ、私の認識をはるかに越える多様さを持った歴史です。

大島　私は高校まで長崎にいて、大学から東京に行きました。東京に行くとき、実はとても嬉しかったのです。なぜかと言うと、長崎の街の歴史、母が被爆者であること、そして長崎にいること自体が私には重たかったからです。私はその重さに耐えられなくて長崎を出たのです。エヴァさんは、自分が生まれた所にまた住みたいと思いますか。

ホフマン　私が生まれ故郷のクラクフをあとにしたのは一四歳そこらのことで、その後もいろいろな国に暮らしましたから、話はいささか複雑です。両親のホロコースト体験の場所はクラクフより東のウクライナでしたので、クラクフは私の家族の歴史と繋がるものではないのです。そのような意味で、私にとっての重荷はクラクフではありませんでした。家族の歴史、私たちの小さな家で日々感じていた感情のなかに、ひじょうに重いものがのしかかっていましたが、それはクラクフという街と関わるものではありませんでした。でも、あなたが長崎とのつながりを重く感じておられたということは、私には分かるような気がします。

大島　エヴァさんの本にもある「記憶と和解」。私の母は私が小さいとき、毎日毎日、原子爆弾が落ちた日の話をしていました。母が記憶を私に伝えたかったのか、それとも自分の記憶を忘れたかったのか、いつもそれを聞く私には葛藤がありました。エヴァさんもお母さまから聞いた話など、記憶はどういうものでしたか。

ホフマン　私の母もいつも同じことを話し続けていました。話さないではいられなかったのだと思います。あなたのお母さまも同じではなかったのか、そしてお母さまの記憶がどのようにあなたに伝わったのか、とても関心があります。私の母はいつも、同じ瞬間に立ち戻っていきました。彼女にとって一番恐ろしい瞬間、たとえば母の妹が殺された瞬間です。母は妹の死に、深い罪悪感を覚えていました。それゆえに、いつもその瞬間に立ち戻っていったのだと思います。私は、ホロコーストの歴史全体ではなく、その断片だけを繰り返し聞いて理解していたのだと思います。ホロコーストの歴史そのものを理解できるようになるには、さらに長い時間が必要でした。母の記憶から、大きく飛躍しなくてはなりませんでした。自分の記憶の起点に刻印された家族の歴史から一歩踏み出して、広い歴史を理解することへと。あなたもそうではないでしょうか。

大島　私もまったく一緒です。母の話というのは母の断片的な話で、それを私は受け継いで原爆全体を見るようになりました。いまエヴァさんは全体を見るようになって、どういうふうに感じていますか。

ホフマン　ホロコーストについては一言で言い表せないくらい、いろいろと考えています。私はホロコーストが人間の歴史を変えたと思っています。思いも及ばないことまで人間には可能なのだということが明らかになって、人間観を変えてしまったのです。それは単にユダヤ人にとっての悲劇なのではなく、世界が理解すべき現実であり、実際、世界はそれを理解しようと努力を続けてきたのだと思います。ホロコーストは、未曽有の大量殺戮の一つでした。原爆もこの意味では同じです。原爆もホロコーストも、歴史を変えた悲劇でした。ホロコーストに関しては膨大な本が出版されていて、私もホロコーストの多様な側面を書物から知りました。六〇〇万人ものユダヤ人を、淡々と何年もの間、組織的に根絶やしにしようとした絶滅計画は、ある種信じ難いものです。実際にそれを実行していったこと自体、信じられません。ドイツ国内で止められることも、抗議されることもなく、数年にわたって人間の絶滅計画が行われていたのです。そのようなことがありうるのでしょうか。

お母さまがアメリカ人をなぜ憎まないのか、理解できないとこの間おっしゃっていましたね。それは、人びとがもっと怒りを覚えるべきだとあなたが考えているということでしょうか、あるいはあなたのお母さまの怒りが十分でないということでしょうか。こういうことを、あなた自身はどう理解しているのでしょうか、そして、どういう感情をお母さまは娘であるあなたに伝えたかったのでしょう。

大島　私は母と原爆の話をしたことがないのです。子どもの頃、一方的に聞くだけだったので。だから、母が亡くなる前に一度話をしないといけない。つまり私が、母に対しても長崎に対しても和解できないのは母のそこが聞けていないからです。だから、一回私は母と話をしないといけないんだなと思います。毎日同じようなテンポで、毎日まったく同じように話すんです。別に怒っているように話すのではなく、こういうことがあったということを淡々と毎日話していました。

ホフマン　親戚を亡くされたことは、お母さまにどのように影響したのでしょう?

大島　記憶の一部として、母の兄弟が亡くなったことも物語のように話していました。それが私にとって不思議だったんです。

ホフマン　そうすると、お母さまはトラウマを抱えていた状態だと思われますか。強いショックを受けてトラウマ状態に陥った人の特徴は、そこで時間が止まってしまって、感情を解き放つことができないことだと言います。私は母の感情を知っていましたし、それはとても明確でした。その一方で、父はほとんど語ってくれませんでしたから、彼の感情を理解することはできませんでした。そのことを、私はとても寂しいと感じていました。それが、今でも自分のなかで罪悪感として残っています。どれほど父が苦しんできたのかということに、思いが至りませんでした。それというのも、言葉で表現していたのは、いつも母の方だったからです。

私の生まれ故郷のことを先ほど尋ねられましたが、私は家族のもとを離れなくてはならないと感じるようになり、一八歳で家を出ました。みんなにとって、それは大変つらいことでした。父が精神的に不安定になったと聞きました。私がいなくなることは、家族にとって大きな打撃でした。家族に対する罪悪感から、決心が鈍りそうになりましたが、私はどうしても家を出なければなりませんでした。両親の物語から決別しなければならないと感じていたのです。あなたは、家族の歴史から距離を置き別の場所に住むことで、お母さまが語られる家族の物語を、より理解できるようになったと感じますか。それが作曲への道につながったと思いますか。

大島　私のなかでは母との関係がものすごく大きくて、「長崎と私」というよりも「母と私」の関係が大きいのです。そこが本当に和解できないと、一生、ある意味で独立できないと思います。母と和解できるということは私にとって一番大切なことだと思います。

ホフマン　私は和解するのに長い時間がかかりました。両親はそれぞれ一九九五年と一九九七年に亡くなりましたが、私は最終的には和解できたと思います。私には、自分の人生を生きているのだという実感が必要でした。私は両親を愛していました。親子の関係は精神的にもとても複雑でしたけれども、私は彼らを心から愛していました。だからこそ、私は自分の人生の意味を取り戻さなければなりませんでした。

大島　被爆マリアを見てどういうふうに思われましたか。

ホフマン　あのような壊滅的な状況のなかからマリア像が発見されたということにまず心を動かされました。人間の顔を象《かたど》るものがあの瓦礫のなかから救われたのは、本当に意味があることです。でも、それ以上に、人びとの物語に心を動かされました。浦上天主堂の信徒の代表の方が話してくださった物語です。多くの信者が殺された、その事実を受け入れているとおっしゃいました。私にはどうすれば受け入れられるのか想像もできませんが、彼は受け入れました。自分と同じ境遇のキリスト教信者たちがたくさんいらして、みな同じ運命であった、だからこそ、受け入れられたと。そのことに、深い感動を覚えました。その苦しみを、ただ受け入れるだけなのだという彼の言葉は、私の心のなかで反響しています。マリア像の頭部が見つかったということが、キリスト教信者の方々にとって奇跡的な出来事だったということが、分かる気がします。

大島　五島列島の隠れキリシタンの里、外海《そとめ》もそうですけど、原爆よりもっと長い苦難の歴史ですよね。キリスト教を信じて迫害されてきたのに、私は五島の教会が美しいのに驚きました。

ホフマン　本当に美しかったですね。心の琴線に触れるもので、きわめて独特だと思いました。日本人特有の美的感覚のようなものが、西洋のそれと影響しあっているように感じました。特に十字架のモチーフとして椿の花をあしらっているのに興味を覚えました。実はイギリスのカトリックの教会でも花のモチーフが多く使われていたのですが、プロテスタントに破壊されてしまいました。ですから、日本でこのような花のモチーフを見て、興味を持ったのです。ひじょうに美しく、心を動かされます。そこに、人生を通して何か意味あるものを残そうとする意思、自分たちの教会を共有したいという願いを感じました。その教会がとても小さくてつつましいものであることが、またすばらしいのです。教会という形にこめられた人間の精神の働きがひじょうに強かったので、教会をあんなに長く保存できたのではないでしょうか。そういった意味で、信仰が根本的なところにあるというのは、幸せなことかもしれません。それが、生の意味を与えてくれるからです。

大島　人は戦争を起こしたり、迫害したりもしますが、良い意味での人の信じる力、その力を信じますか。

ホフマン　ええ、信じています。もっとも大切なことの一つだと思います。誰もが芸術を創造できるわけではないのですから、他の形で自分たちの生の意味を残していくことを考えなくてはいけないと思います。人間は何か意味があるものを残そうとします。そういう人間の根本的な力が、いろいろなものを失った後に、苦痛の後にこそ、湧き出るような気がします。その力は、いわば苦しみへの応答だと思います。

大島　これだけ世のなかに多くの戦争があり、いろんなことが起こりますが、何かを創造する力というものは素晴らしいものだと信じますか。

ホフマン　そう信じます。いつもそれを意識して問い続けています。芸術は何のためにあるのだろうか。一見重要とは言えないかもしれない、贅沢なもののようではあるけれども、それは重要なものにもなりうると思うのです。ホロコーストのただなかにいた詩人たちは、最悪の状況下で作品を生み出しました。また、たとえば、ソビエトのグラーグ〔旧ソ連の強制労働収容所〕で現実を書き続けた詩人たちにとって、書くことは日々の糧のようなものでしたし、周りの人にとっても必要なものでした。それが食べ物のような、精神の糧だったからです。しかし九・一一〔アメリカ同時多発テロ〕以降、人はそのように感傷的にはなれないとは思います。私自身、九・一一後数カ月間、ものを書くことができませんでした。多くの作家たちが創作できないでいました。人間の行為がもたらした大きな破壊に直面したということだけではありません。あまりにも突然、私たちの目の前に現れた大きな悲劇を前に、芸術が無力だと感じたからです。何の役割もなく、意味もないことのように思えた芸術にはやはり意味があるのだと、再びそう信じられるようになるまで、しばらく時間が必要でした。でも、それは自ずと分かることでした。芸術は感傷的だと思わなくてよいのです。暴力を止めさせるというのは、また別の問題です。暴力を止められなくても、暴力への応答として、私たちはこの暴力の時代に、人間の根源的な応答としての表現を必要としているのです。

大島　いつも私はレクイエムを書きたいと思っています。小さいときからずっと思っていました。いつも何を考えてきたかというと、生と死です。生まれてきたことと人が死ぬときのことをいつも考えています。

その死ぬときのことを今少しずつ考え始めています。

死とは一体何でしょう。いろんな種類の死がありますね。戦争で亡くなったり、病気で亡くなったり。でも死は誰にでも訪れることで、その時に私にできることは、天に穏やかに行ってくれるようにというレクイエムを書くことだと思っていました。なぜそういうふうに思うようになったかというと、遠藤周作先生の対談集のなかに「死」について書いてあるものがあって、死は「蝶がまゆからかえるようなもの」という言葉がありました(遠藤周作『こころの不思議、神の領域』(ＰＨＰ研究所)収録の吉福伸逸氏との対談「自我を超えた何かを求める大胆な試み」)。だから、私は死というものが亡くなることではなく、本当に自由になることだと思っています。だから、レクイエムを書きたい。エヴァさんはこの旅で次の創作活動のエネルギーを見つけましたか。

ホフマン　今回の経験を私の内面で消化して独自の意味をそこに発見するには時間が必要だと思っています。時間をかけて、私にとってどんな意味があるのかを見極めたいと思います。いずれにしても、エッセーを書こうと思っています。

大島　楽しみにしています。

ホフマン　ありがとうございます。

(二〇一三年一〇月一七日、長崎市出島にて)

〈編訳者あとがき〉
言葉の音楽を奏でる人、エヴァ・ホフマン

ホロコーストの第二世代にして、一三歳で反ユダヤ主義の不穏な危機感が切迫する故郷のポーランド、クラクフからカナダのバンクーバーに移住、その後アメリカへと漂泊の旅を続けたエヴァ・ホフマン（一九四五年―）。彼女は、「私は戦争から生まれたのだ」と語り、自身を故国喪失《エグザイル》の作家と呼ぶ。今ようやくロンドンを自らの居場所として、これまでの長い道程を静かに受けとめて執筆を続ける。今は自らの言語となった第二言語の英語の言葉が、終《つい》の棲家《すみか》だと言う。その言葉を通しての深い思索の中から、珠玉のような著作が生み出されてきた。

母国と母語の喪失からどのように自己世界を立て直し、新たな人生に歩み出したかの軌跡は、第一作となった自伝的作品 *Lost in Translation: A Life in a New Language*（邦訳『アメリカに生きる私――二つの言語、二つの文化の間で』木村博江訳、新宿書房）に詳しい。子どもの鋭い感受性で、ホロコーストを生きのびた両親の沈黙に触れてはならぬ傷を感じ取り、生存者の子どもが負う独自の重荷に光を当てた。それは、いまだに過去の影から逃れることが叶わぬ経験を共有する第二世代に、大きな慰めと共感をもたらした。「言葉」を通じ

て人をつなぐ作家となったホフマンの使命がそこに宿る。

言葉を超えるホロコーストの経験が、人類にとって何であったのかを時空的歴史的視座から省察したすぐれたホロコースト論 *After Such Knowledge: A Meditation on the Aftermath of the Holocaust*(邦訳『記憶を和解のために——第二世代に託されたホロコーストの遺産』早川敦子訳、みすず書房)が、三・一一後に日本語に翻訳出版されるにあたって、ホフマンは日本の読者にメッセージを寄せている。

いま手にされている本の主題は、集団的トラウマとその後も長く続く影響についてですが、それは日本の皆さんにとって身近に感じられるものかもしれません。日本を襲った地震と津波、そして恐ろしい原子力発電所の事故という大きな災害に、懸命にそして決然と勇気をもって立ち向かう日本の人たちの印象的な姿を、世界全体が衝撃と同時に賞賛のまなざしで注視したのです。

破壊の規模と原子炉からの放射性物質の漏洩の恐れに、日本だけでなく世界の多くの人たちは、いまだに畏れと恐怖を呼び起こす過去の惨禍——それは記憶に刻まれたものでもあるのでしょう——を想起せざるをえませんでした。広島と長崎への原子爆弾の投下です。現在の状況の中で原爆の記憶が再び脳裏をかすめることの恐ろしさを、私も想像することができます。私にとっても、原爆の記憶は多層的に繋がっています。或る意味では、この『記憶を和解のために』の大きなテーマの中で、ヒロシマはその一部をなしているからです。(『記憶を和解のために』i頁)

ホフマンは、ホロコーストの苦難を負った自身の存在を、痛みの歴史を歩んできた日本という場所に生きる人たちに寄り添わせたいと願ったのではないだろうか。人間の営みが普遍的な共感でつながることを彼女は知っている。

その後ホフマンは津田塾大学の招聘教授として初めて日本を訪れた。滞在中に行われた講義で、ホフマンの思索は学生のみならず文学者や歴史研究者にまで、深い感銘を与えた。その知見を共有したいと願って、滞日中の講演を本書に収録する（第Ⅲ楽章）。本書の前半は、週末のたびに広島、福島、長崎、と旅を続ける中でとらえた新しい風景、新しい人たちとの出会いをめぐって帰国後に書き送られてきたエッセーである。旅の思い出を心に蘇らせながらあらためてその文章を読んでゆくと、そこに美しく、哀しいような音楽のメロディーが聴こえてくるような気がする。私には、彼女が「言葉の音楽を奏でる人」のように思える。

かつて母語を失って自分を表現する方法を奪われた彼女が、唯一自身の存在を世界につなぎとめる小さな水路だと感じたのは、音楽だったと言う。将来ピアニストになる夢を追ってクラクフの音楽専門学校で学んだ音楽の世界観を通して、内面に自己世界を保ち続けることができたのだと、彼女は回想の中で語っている。音楽は、過去の自分と、今の自分の両方を同時に表現することができたと言う。自分の中に深く刻印された亀裂を音楽が抱擁し、悲しみもすべてしみこんだその土壌の中に、いつしか新たな言葉が胚胎《はいたい》されていった。そうして新たな言語を獲得して作家となったエヴァ・ホフマン、「言葉の音楽を奏でる人」には、初めて降り立った日本の地で、どのような調べが聴こえていたのだろうか。

日本という、彼女にとって未知の場所を知る旅は、しかし、過去を辿る旅ではなく、未来を探る旅となった。この本でも興味深く語っている「日本」は、彼女にそれまでにはなかった新しい視座を拓く存在になったからだ。まったく異なる歴史的な経験を辿りながら、そこにどのような共通性を見出し、そこからどのように未来への可能性を共有することができるのか。ホフマンは日本で出会った人たちとの対話を通して、じっと考えているようだった。そこで得た知見を、彼女は「斜・日本」(オフ・ジャパニーズ：off-Japanese)という言葉で表現している。この表現は、故国ウクライナを喪失した経験を通して西洋を「斜」めから透視した批評家、スヴェトラーナ・ボイムの「オフ・モダン」(off-Modern)という視点を援用したホフマンの造語である。日本滞在記の最後に提起された難解で翻訳不可能なこの言葉をめぐって、あらためてボイムの分厚い著作の『ノスタルジア論』(*The Future of Nostalgia*)をひもとき、ホフマンとのやりとりを重ね、さらに今回福島への旅にも同行してくれた在日アメリカ人詩人であるアーサー・ビナードの知恵を借りて、やっと「斜・日本」という日本語の言葉に辿り着いた。ビナードの「翻訳造語」とでも言えるだろうか。「モダンの中にありながら、その視点は外にある」ボイムの観方は、いずこにも居場所を見出せなかったホフマンが、たえず外から「斜」めに距離をもって対象を観る立ち位置と重なってくる。それは、日本という他者と邂逅した彼女の視点にも現れているだけでなく、翻って英国に戻った彼女が英国を観るときに訪れた変化に、興味深く反映されている。英国を、それまでは知らなかった「日本」で得た知見に照らして新たに見直そうとするホフマンは、「オフ・ジャパニーズ」という言葉で視点の移行を表現しているのだ。

彼女のこの「斜・日本」の視点は、旅を通して日本という空間の中に身を置きながら、たとえば広島や福島の惨禍を「外」のアウシュヴィッツの経験と照応させて理解しようとする意識や、日本の民主主義を「自由」をめぐる戦後史の枠組みで捉え直そうとする鋭い知見にも生かされている。その興味深い視座から、私たち日本人が、あらためて「日本とは何か」を問われているような気がする。

本書に収めた講演の中で、自身の故国喪失《エグザイル》の経験についてホフマンはこう語っている。

〔故国喪失《エグザイル》の経験によって〕自分の世界を斜めから見る視点に立つことが可能になって、そこから新たな視界が拓けてきます。作家にとって、この利点は、形式上の大きな収穫でした。距離を通して見る視座は、思考と創造性に弾みを与えます。多くの芸術家たちが精力的に旅をし、祖国を離れた場所に自分を置こうとする理由は、そこにあるのかもしれません。ジェイムズ・ジョイスは、「沈黙、エグザイル、そして狡知《こうち》」をモットーにしましたし、サミュエル・ベケットは、フランス語で書くと決意したのです――まさに、慣れ親しんだものから遠ざかる異　景　化《ディ・ファミリアライゼーション》のために。そして、作家でない人間にも、祖国から離れた故国喪失《エグザイル》の視座は、大きな喜びをもたらしてくれます――より研ぎ澄まされた知覚、皮肉をこめた距離、批判的な懐疑主義というような。文化を横断する旅の途上で、成長と拡がりももたらされます（第Ⅲ楽章1、九五―九六頁）。

作家の想像力が異なるものとの関係性を見出していく思考の道筋が、ここに示唆されているのではないだろうか。「移動」がキーワードとなる現代の世界において、共存とそれが必然的に孕《はら》む問題について、ホフマンは空間だけでなく、文化や時間、すなわち歴史の横断にも思いをめぐらせている。彼女の特徴の一つは、第二世代の意識を通して、戦争の世紀とその後の時代の間隙を透視する視点でもあるだろう。それはまた、ホロコーストの第二世代の立ち位置をたえず意識化してきたホフマンならではの独自の視点でもある。その独自性が、広島の第二世代の被爆者との邂逅において、痛ましい感情の共有として照射されてきたときには、深い感動を覚えずにはいられなかった。その共感を起点にして、どこかで過去と線引きをしなければならいという課題が、未来への提案として示されている。

*

すでにホフマンの来日から三年余りの時間が流れた。その間に、いくつもの思いがけない出来事が起こり、奇《く》しくもその変化を経て本書が刊行されることに、私はなにか必然のような不思議な感慨を抱いている。彼女が日本で行った講演で、すでに世界の激動の中で二〇世紀的な意味での西洋中心主義が大きく揺らぎ、それとともに民主主義のありようが問い直されざるを得ないことを語ったように、その波はさらに広く大きく地球を覆っている。その中で「日本」はどう世界を観、また世界の中で観られているのか。「日本の読者の皆さんへ」で彼女が示唆しているように、日本はここに至って世界の注目を浴びながら、三・一一後の地殻変動の中で新たな独自のアイデンティティの構築を促されているのではないだろうか。それは戦後の「歴史観」の再意識化でもあるだろう。その日本像を、ホロコーストの第二世代の歴史感覚から、ホフマンは見事に照射している。

広島の原爆の被爆二世との対話から、そして「核災」の地、福島での若松丈太郎との詩の創作、あるいはまた、長崎のキリスト教禁教時代の殉教者に思いを至らせる旅や、やはり長崎の被爆二世の音楽家大島ミチルとの対談を通して、ホフマンは私たちが気づかなかった日本の姿を発見させてくれた。これこそ、越境する現代の「知」の産物だろう。故国喪失《エグザイル》の経験を深く心に刻まざるを得なかったホフマンが、「言葉」に自らの居場所を求め、そこに真の自由な精神のありようを表現していることにも敬服する。

いささか飛躍するようだが、日本の大学教育でも実践的な力に傾斜するあまり、リベラルアーツ教育が逼《ひっ》迫《ばく》されていることに危機感を抱く私にとって、『希望の鎮魂歌《レクイエム》』は、まさにリベラルアーツの根幹にある深い思考を体現しているように思われる。そのような意味で、若い世代にも、ぜひ手にとってもらいたいと願っている。

タイトルの『希望の鎮魂歌《レクイエム》』は、あらためてホフマンの文章を読み直す営み――私にとってそれが翻訳という仕事である――を通して、浮かんできたテーマだった。ホフマンが提案した原題は“Songs of Mourning, Songs of Hope”（鎮魂の歌、希望の歌）だったが、敢えて彼女の理解のもとに、歴史の中でもたらされた多くの喪失に向き合っている私たちが今、鎮魂の音楽を奏でていて、それは過去に向かうものではなく、未来へと向かう意思の表現なのだという意味をこめて『希望の鎮魂歌《レクイエム》』と決めたのだった。歴史への沈思なくしては未来への真の意思も生まれない。それゆえに、鎮魂と希望を、先の見えない時代の中で私たちは必要としている。

ホフマンの来日から今までの三年余に起こった思いがけない出来事の中には、この「希望」に関わる二つの物語があった。カバーの美しい写真は、「平和の色」と染織家の志村ふくみ、洋子母娘が名づけた中東の植物（オリーブ）で染められた糸の束である。「経《たていと》は歴史、緯《よこいと》は自分」と自らの織を語った志村ふくみとの邂逅は、本書でも感動的な瞬間として描かれているが、その後、平和を願わずにはいられない中東の地から、不思議なめぐり合わせで、たくさんの植物がふくみ・洋子の工房に届いた。その植物で染め上げられた糸は、植物が自らの生命をほとばしらせたかのような、深く、澄んだ美しい輝きを宿していた。人間が引いた国境線を、植物は自由に越えて、生命をつなぐ。中東から国境を越え、海を越えて旅してきた植物から生まれた色、それはまさしく「平和の色」と呼ぶに相応しい。

ホフマンの言葉に協働して、その「平和の色」で染められた糸が、本書のカバーを飾った。「人間がこんなに哀しいのに　主よ　海があまりにも碧いのです」という遠藤周作の言葉に深く感銘を受けたホフマンの思いに応えるかのように、その糸は、日本の「藍」と協働して、鎮魂と希望を静かに語っているようだ。

もう一つの物語、それは未来に向かう子どもたち百余名が音楽を奏でる「東北ユースオーケストラ」の活動だ。東日本大震災直後から、被災地の学校の楽器の修理や音楽活動を支援してきた音楽家、坂本龍一が立ち上げた同オーケストラの第二回目の演奏会が、奇しくもこの本の刊行と時期を同じくして開催される(二〇一六年三月の第一回目の演奏会では、本書でも紹介されている俳優の吉永小百合が、子どもたちの演奏に合わせて、三・一一後に書かれた福島の詩を朗読した)。被災三県から集った小学四年生から大学生までの若者たちから始まった東北ユースオーケストラ。一人ひとりが、三・一一の経験を超えて音楽とともに育ち、その音楽が、生きることの喜びや希望へとつながっていく。心の復興が、未来へと彼らを向かわせていく。喪失からの出発、そして音楽という、自身も経験してきた心の旅を想起するのか、ホフマンはこの日本の活動に深い関心を寄せている。

『希望の鎮魂歌《レクイエム》』は、そうした新たな「協働」を招き入れてくれた。その新たな領野こそ、まさしくホフマンがメッセージで述べている「創造的協働」のもっとも美しい形だと私は思う。彼女は今も創作を続けている。この混迷の時代に、人間の根源的な応答としての表現が必要だと信じているからだ。何かを創造する力、それは喪失や苦しみのあとにも湧き出てくるという。アドルノの言葉を反転するホロコースト後の詩の数々、そして九・一一や三・一一の後に創造された芸術は、まぎれもなく人間の生の表現として、閉塞から未来への道を拓いてきたのではないだろうか。彼女の言葉から、これからも希望の音楽が奏でられていくだろう。

ホフマンの謝辞に加えることを許していただけるなら、彼女の来日直後に突然病いに倒れた私をここまで支えてくれた息子と母、友人たちに心からの感謝を捧げたい。そして、最後までこの本の誕生に力を尽くしてくださった岩波書店編集部の大橋久美さん、ありがとうございました。

早川敦子

二〇一七年　新春に

アーサー・ビナード（Arthur Binard）
1967年，アメリカ・ミシガン州生まれ．ニューヨーク州・コルゲート大学英米文学部を卒業．1990年に来日した後，日本語での詩作，翻訳，随筆などで活躍．詩集『釣り上げては』（思潮社），随筆『日本語ぽこりぽこり』（小学館），絵本『ここが家だ――ベン・シャーンの第五福竜丸』（集英社）ほか．若松丈太郎との共著に『ひとのあかし』（清流出版，写真：齋藤さだむ）がある．

若松丈太郎（わかまつ　じょうたろう）
1935年岩手県生まれ．福島大学卒業後，福島県で高校教師をしながら詩作を行う．詩集：『海のほうへ　海のほうから』『いくつもの川があって』（花神社），『北緯37度25分の風とカナリア』（弦書房），『わが大地よ、ああ』（土曜美術社出版販売）ほか．アーサー・ビナードとの共著『ひとのあかし』．随筆『福島原発難民――南相馬市・一詩人の警告 1971～2011年』（コールサック社）ほか．

吉岡　潤（よしおか　じゅん）
1969年京都府生まれ．京都大学大学院文学研究科博士課程修了，博士（文学）．現在，津田塾大学学芸学部国際関係学科教授．著書：『戦うポーランド――第二次世界大戦とポーランド』（東洋書店），ガルリツキ『ポーランドの高校歴史教科書【現代史】』（共訳，明石書店）ほか．

大島ミチル（おおしま　みちる）
1961年長崎県生まれ．国立音楽大学作曲科卒業．在学中から作曲，編曲活動を始め，映画音楽，CM音楽，テレビ番組音楽など多分野で活躍．映画音楽：『北の零年』『明日の記憶』『海難1890』，テレビ番組音楽：大河ドラマ『天地人』『ごくせん』ほか．

エヴァ・ホフマン(Eva Hoffman)
1945年，ユダヤ人の両親のもとにポーランドのクラクフに生まれる．13歳で家族とともにカナダに移住し，その後アメリカのハーバード大学大学院でPh.D.(文学)を取得．『ニューヨーク・タイムズ』の編集者として活躍後，作家生活に入る．現在はイギリス在住．著書：『記憶を和解のために──第二世代に託されたホロコーストの遺産』(早川敦子訳，みすず書房)，『アメリカに生きる私──二つの言語，二つの文化の間で』(木村博江訳，新宿書房)ほか，小説やエッセーなど多数．

早川敦子
1960年生まれ．津田塾大学大学院文学研究科博士課程終了．現在，津田塾大学学芸学部英文学科教授．訳書：ホフマン『記憶を和解のために』，ファージョン『想い出のエドワード・トマス──最後の4年間』(白水社)，ミルン『こどもの情景』(パピルス)，ほか．著書：『世界文学を継ぐ者たち──翻訳家の窓辺から』(集英社新書)，『翻訳論とは何か──翻訳が拓く新たな世紀』(彩流社)ほか．

希望の鎮魂歌《レクイエム》
──ホロコースト第二世代が訪れた広島，長崎，福島
エヴァ・ホフマン

2017年3月24日　第1刷発行

編訳者　早川敦子《はやかわあつこ》

発行者　岡本　厚

発行所　株式会社 岩波書店
〒101-8002 東京都千代田区一ツ橋2-5-5
電話案内 03-5210-4000
http://www.iwanami.co.jp/

印刷・精興社　製本・松岳社

ISBN 978-4-00-061189-3　Printed in Japan